小学数学教学理论及发展新视角

贺 丽 著

哈尔滨出版社

HARBIN PUBLISHING HOUSE

图书在版编目（CIP）数据

小学数学教学理论及发展新视角 / 贺丽著. -- 哈尔滨：哈尔滨出版社，2024. 8. -- ISBN 978-7-5484-8118-8

Ⅰ. G623.502

中国国家版本馆CIP数据核字第2024NK0489号

书　　名：**小学数学教学理论及发展新视角**
XIAOXUE SHUXUE JIAOXUE LILUN JI FAZHAN XIN SHIJIAO

作　　者：贺　丽　著

责任编辑：费中会

装帧设计：古　利

出版发行：哈尔滨出版社（Harbin Publishing House）

社　　址：哈尔滨市香坊区泰山路 82-9 号　　邮编：150090

经　　销：全国新华书店

印　　刷：天津和萱印刷有限公司

网　　址：www.hrbcbs.com

E-mail： hrbcbs@yeah.net

编辑版权热线：（0451）87900271　87900272

销售热线：（0451）87900202　87900203

开　　本：787mm×1092mm　1/16　印张：11.25　字数：185 千字

版　　次：2024 年 8 月第 1 版

印　　次：2024 年 8 月第 1 次印刷

书　　号：ISBN 978-7-5484-8118-8

定　　价：88.00 元

凡购本社图书发现印装错误，请与本社印制部联系调换。服务热线：（0451）87900279

前　言

数学作为自然科学的基础，承载着人类探索宇宙、分析自然的使命。对于小学而言，数学教学的任务不仅是传授知识，更重要的是培养孩子的数学思维、逻辑能力和解决问题的能力。随着教育改革的不断深入，小学数学教学理论也在不断发展，并呈现出新的视角和面貌。

小学数学教学理论是指导小学数学教学实践的基本原则和方法。它涵盖了教学内容、教学方法和教学评价等多个方面。小学数学教学理论不仅为教师提供了教学方法和策略，也为学生提供了更科学、更系统的学习方法。它有助于明确教学目标，优化教学方法，丰富教学内容，提高教学质量，培养学生的自主学习能力。教育工作者应深入学习和理解小学数学教学理论的精神实质，并将其应用于教学实践，为学生的全面发展奠定坚实的基础。在小学数学教学中，教师应注重培养学生的数学素养。教师应采用生动有趣的教学活动，使学生在轻松愉快的氛围中学习数学知识，掌握数学技能。

本书围绕"小学数学教学理论及发展新视角"这一主题，由浅入深地阐述了小学数学教学的重要性、小学数学教学理论的发展趋势、社会发展对小学数学教学的新要求，系统地论述了新视角下的教学内容呈现、教学方法创新、教学评价、教师发展、教学资源建设，以期为读者理解与践行小学数学教学创新提供有价值的参考和借鉴。本书内容翔实、条理清晰、逻辑合理，在写作的过程中注重理论性与实践性的有机结合，适用于数学教育研究者，也适用于工作在一线的小学数学教师。

《小学数学教学理论及发展新视角》是一本关注小学数学教学最新理论和发展趋势的书籍。它旨在为小学数学教师提供教学上的指导和启示，帮助他们更好地应对教育改革带来的挑战和机遇。同时，它也希望能够为广大学生提供更加优质、高效的数学学习体验，让他们在轻松愉快的氛围中掌握数学知识，培养他们的数学思维和实践能力。

目 录

第一章　小学数学教学综述

第一节　小学数学教学的重要性

一、小学数学教学的特点

小学数学，作为基础教育的重要一环，承载着培养学生逻辑思维、空间想象以及问题解决能力的重任。小学数学教学具有如下的特点：

（一）内容的基础性与系统性

1. 小学数学教学内容的基础性

小学数学的教学内容主要包括数的认识、计算、图形的初步认识、简单的数据收集与整理等。这些内容看似简单，却构成了整个数学学科的基础。数的认识是数学学习的起点，从自然数到分数、小数、百分数，逐步引导学生理解数的概念及其运算规则。计算能力的培养则为学生后续学习代数、几何等复杂的数学知识打下坚实的基础。图形的初步认识则培养学生的空间想象能力，为后续学习立体几何等内容提供直观感受。简单的数据收集与整理则培养学生的统计思维，为他们未来处理大量数据提供方法。

教师在教学过程中应注重基础知识的教学，确保学生真正掌握每一个知识点。同时，教师还应关注学生的学习过程，及时发现并纠正学生的错误，确保学生建立正确的数学观念。

2. 小学数学教学内容的系统性

小学数学的教学内容虽然分散，但彼此之间却存在着紧密的联系。这种联系不仅体现在知识点之间的逻辑关系上，也体现在学生认知发展的阶段性上。小学数学教学必须注重教学内容的系统性。

教师应从整体上把握小学数学的教学内容，明确各个知识点之间的联系和衔接点。教师在教学过程中应注重知识的连贯性和过渡性，引导学生将新旧知识相互融合，形成完整的知识体系。

教师应关注学生的认知发展特点，合理安排教学内容和教学进度。对于不同年龄段的学生，教师应采用不同的教学方法和手段，以满足他们的认知需求。同时，教师还应注重培养学生的数学思维能力和解决问题的能力，为他们后续学习更高层次的数学知识打下坚实的基础。

（二）教学方法的直观性与趣味性

1.直观性在小学数学教学中的重要性

小学生的思维正处于具象到抽象的过渡阶段，因此直观的教学方法显得尤为重要。直观教学可以通过实物、图片、模型等具体形象来展示数学概念和原理，帮助学生形成直观的认识。例如，在教授"分数"这一概念时，教师可以利用苹果或蛋糕等实物进行切分，让学生直观地理解分数的意义和表示方法。

直观教学还可以利用现代技术手段，如多媒体、动画等，将抽象的数学知识以更直观、更生动的方式呈现出来。这些直观的教学手段能够吸引学生的注意力，提高他们的学习兴趣，使他们更容易理解和掌握数学知识。

2.趣味性在小学数学教学中的作用

趣味性是小学数学教学中不可或缺的一部分。教师通过设计有趣的数学游戏、故事和活动，可以激发学生的学习兴趣和热情，使他们更加主动地参与到数学学习中来。例如，教师可以设计一些数学竞赛或数学谜题，让学生在解题的过程中体验到数学的乐趣和挑战性。

趣味性教学还可以帮助学生更好地理解数学知识和应用数学知识。教师通过将数学知识与现实生活相结合，设计一些实际问题的解决方案，可以让学生更加深入地理解数学知识的实际应用价值。这种趣味性教学不仅可以提高学生的学习效果，还可以培养他们的数学思维和创新能力。

（三）教学目标的全面性与发展性

1.教学目标的全面性

小学数学教学目标的全面性主要体现在以下几个方面：

（1）知识与技能目标

知识与技能目标是基础性的教学目标，要求学生掌握基本的数学知识和技能，

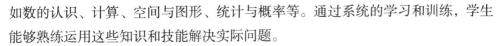

如数的认识、计算、空间与图形、统计与概率等。通过系统的学习和训练，学生能够熟练运用这些知识和技能解决实际问题。

（2）过程与方法目标

除了知识和技能，数学教学还注重培养学生的思维能力和学习方法。教师通过引导学生探索、发现和归纳数学规律，培养学生的数学思维和解决问题的能力。同时，教师还应教授学生有效的学习方法，如自主学习、合作学习等，帮助他们更好地掌握数学知识。

（3）情感、态度与价值观目标

数学教学不仅仅是知识的传授，更是对学生情感、态度和价值观的培养。教师在数学教学中应注重激发学生的学习兴趣和求知欲，培养他们的自信心和毅力，帮助他们形成正确的数学态度和观念。同时，教师还应引导学生认识数学在生活中的重要性和应用价值，培养他们的数学素养和社会责任感。

2. 教学目标的发展性

随着社会的发展和教育改革的深入，小学数学教学目标也在不断发展和完善。小学数学教学目标的发展性主要体现在以下几个方面：

（1）适应学生个体差异

每个学生都是独特的个体，他们的学习速度、兴趣和潜能各不相同。小学数学教学目标应具有弹性，能够根据不同学生的实际情况进行调整。教师应关注学生的个体差异，因材施教，使每个学生都能够在自身的基础上得到发展。

（2）培养学生的创新精神和实践能力

在现代社会中，创新精神和实践能力是非常重要的素质。小学数学教学应注重培养学生的创新思维和实践能力，鼓励他们勇于探索、敢于尝试、乐于分享。教师通过开展丰富多彩的数学实践活动和探究性学习，让学生在实际操作中体验数学的魅力和价值。

（3）促进学生全面发展

小学数学教学不仅要注重数学知识的传授和技能的训练，还要关注学生的全面发展。这包括身体素质、心理素质、审美素质等多个方面。教师应通过数学教学促进学生的身心健康发展，帮助他们形成良好的人格品质和道德观念。

（四）教学过程的互动性与合作性

在小学数学教学过程中，师生互动和生生合作是非常重要的两个环节。这种互动性和合作性不仅有助于提高学生的学习效果，还能培养学生的表达能力和团队合作精神。

1.师生互动

教师是学生学习过程中的重要引导者，他们的言行举止都会对学生的思维产生影响。教师需要积极引导学生参与课堂讨论，鼓励学生提出问题和发表意见。学生通过这种方式能够更好地理解数学知识，同时也能培养他们的批判性思维和表达能力。

为了增强师生互动的效果，教师需要关注学生的反馈，及时调整教学策略。同时，教师还需要营造一个轻松、愉悦的学习氛围，让学生敢于表达自己的想法。此外，教师还可以利用多媒体、游戏等多种教学手段，激发学生的学习兴趣，提高他们的参与度。

2.生生合作

除了师生互动外，生生合作也是小学数学教学过程中不可或缺的一部分。通过小组合作学习，学生能够在合作中学会倾听、分享和协作，培养他们的团队合作精神和人际交往能力。

在组织小组合作学习时，教师需要考虑到学生的个体差异，合理分配小组人员，确保每个小组都有不同层次的学生。同时，教师还需要为学生提供明确的任务和目标，让他们有目的地开展合作学习。教师在小组讨论过程中还需要关注学生的讨论情况，及时给予指导和帮助。

（五）教学评价的多元性与激励性

1.小学数学教学评价的多元性

小学数学教学评价的多元性主要体现在评价方式的多样性上。教师可以通过多种方式来评价学生的学习成果，如口头测试、书面测试、观察学生课堂表现、与学生家长沟通等。这些方式可以全面地了解学生的学习情况，从而给出更准确的评价。

教师在小学数学教学评价中还应关注学生的个体差异。每个学生的学习能力和兴趣爱好都有所不同，因此评价方式也应因人而异。教师可以通过观察学生的表现，了解他们的优势和不足，从而给出更具针对性的评价和建议。

2.小学数学教学评价的激励性

小学数学教学评价的激励性是指教师在评价过程中，通过鼓励和肯定学生的表现，激发他们的学习热情和自信心。教师在教学过程中可以通过赞扬、鼓励和引导等方式来激励学生，让他们感受到自己的进步和成就。这种积极的评价方式可以增强学生的学习动力，提高他们的学习效果。

为了更好地发挥教学评价的激励性，教师可以在评价过程中注重学生的点滴进步，并及时给予肯定和鼓励。此外，教师还可以通过设立奖励机制，鼓励学生积极参与课堂活动，提高他们的学习兴趣和自信心。

二、小学数学教学的重要性分析

（一）培养数学思维

小学数学教学是学生接触数学的起点，也是他们形成数学思维的关键时期。在这个阶段，学生通过学习加减乘除、分数、比例等基础知识，逐渐建立起对数学的初步认识。这些基础知识不仅为学生后续的数学学习打下基础，更重要的是，它们能够培养学生的数学思维。

数学思维是一种以逻辑、推理和分析为基础的思维方式，它广泛应用于各个领域。学生通过小学数学教育开始了解和掌握基本的数学概念和原理，如加减乘除、分数、几何等。这些基础知识的掌握不仅有助于学生解决日常生活中的问题，而且通过不断的练习和挑战，可以培养他们的逻辑思维和问题解决能力。

小学数学教育还为学生提供了许多机会，让他们运用数学思维去理解和解释世界。例如，学生通过学习分数，可以更好地理解团队工作，而学习几何则有助于培养学生的空间感和想象力。这些数学思维的培养不仅有助于学生在学校中的表现，而且对他们未来的生活和工作都有深远的影响。

（二）提升学生的数学学习能力

小学数学教育是基础教育的重要组成部分，它对于提升学生的数学学习能力具有重要意义。下面将从数感、逻辑思维、计算能力、空间想象力、逻辑推理能力、应用题能力六个方面阐述小学数学教育的重要性。

1. 数感

数感是数学学习的基础，它包括对数字的敏感度和联想能力。学生通过小学数学教育可以逐步建立对数字的认知，理解数字的大小、顺序和关系，进而能够灵活运用数字进行计算和问题解决。这种能力对于学生未来的数学学习和解决实际问题具有重要作用。

2. 逻辑思维

逻辑思维是数学学习的关键，它包括比较、分类、概括、抽象、逆向、综合性和创造性思维等。学生通过小学数学教育可以逐步培养这些思维技巧，从而能够更好地理解和应用数学概念。这些思维技巧不仅有助于学生解决数学问题，还能帮助他们提高其他学科的学习效果。

3. 计算能力

计算能力是数学学习的基石，它涉及基本的四则运算和分数、小数的运算。小学数学教育的重要任务之一就是培养学生的计算能力，让他们能够准确、快速地进行数学运算。计算能力的高低是衡量数学学习水平的重要标准，也是学生未来学习和生活的重要技能之一。

4. 空间想象力

空间想象力在几何学习中尤为重要，它是指学生在脑海中构建三维空间的能力，能够理解并解决与空间相关的问题。小学数学教育中的几何部分正是培养学生空间想象力的关键，通过学习三角形、正方形、圆形等基本几何图形，学生可以逐渐培养起对空间的认识和理解。

5. 逻辑推理能力

逻辑推理能力是孩子未来学习和发展的重要能力之一。教师在小学数学教育中可以通过日常生活中的实例引导学生进行思考和分析，培养他们的逻辑思维能力。

6. 应用题能力

应用题能力是数学教育的另一个重要方面。学生通过小学数学教育可以逐渐掌握将所学知识应用于具体情境中的能力。这种能力不仅有助于学生理解和掌握数学知识，还能帮助他们解决生活中的实际问题。例如，在学习百分比、折扣等概念时，教师可以引导学生思考这些概念在实际生活中的运用，如购物、投资等。

（三）提高学生的综合素质

1. 数学抽象

数学抽象是小学数学教育中的一个重要素养，它要求学生能够从具体的事物中抽取出数学概念和关系，例如数字、图形、运算等。学生通过这种方式可以锻炼他们的观察力和思考力，并培养他们的抽象思维能力。

2. 逻辑推理

逻辑推理是数学学科的基本素养之一。教师在小学数学教育中通过各种形式的逻辑推理练习，如问题解决、证明和定理的探索，来培养学生的逻辑思维能力。这种训练有助于学生形成有条理的思考方式，无论是在学习中还是生活中，都非常有益。

3. 数学建模

数学建模是数学教育的核心之一。教师在小学数学教育中通过引导学生建立数学模型来解决实际问题，来培养学生的数学建模素养。例如，通过建立速度、距离和时间之间的数学模型，来解决实际问题。这种能力在未来的学习和工作中都非常重要。

4. 数学运算

数学运算在小学数学教育中占有重要地位。学生通过学习和练习基本的算术运算和高级的数学运算，可以提高他们的计算能力和运算技巧。这种能力不仅在数学学习中非常重要，也在其他学科和日常生活中都有广泛的应用。

5. 直观想象

直观想象在小学数学教育中也非常重要。学生通过直观想象可以更好地理解数学概念和问题，并形成空间想象能力和图形感知能力。这种能力对于未来的数学学习和解决实际问题都非常重要。

6. 数据分析

数据分析是现代社会的重要技能之一。教师在小学数学教育中通过引导学生收集、整理、分析和解释数据，来培养学生的数据分析素养。这种能力不仅有助于学生在数学学习中取得成功，也在未来的工作和生活中都非常重要。

（四）为后续学习打下坚实基础

在教育体系中，小学数学教育是一个关键的阶段，它不仅为学生提供了基本的数学技能，而且为他们的思维方式和解决问题的方法奠定了基础。

1. 小学数学教育是培养学生逻辑思维能力的关键时期

数学是一门强调逻辑和推理的学科，学生通过小学数学教育可以学习到各种基本的数学概念和原理，如数量、形状、大小、时间、空间等。这些基本概念和原理的掌握有助于培养学生的逻辑思维和推理能力，为后续的数学和其他学科的学习打下基础。

2.小学数学教育是培养学生解决问题能力的关键时期

数学是一门解决问题的学科，学生需要学会运用数学知识和技能来解决各种实际问题。学生在小学数学教育中将学习到各种基本的数学问题解决技巧和方法，如计算、测量、比较、推理等。这些技巧和方法不仅有助于学生解决数学问题，而且有助于他们解决现实生活中的各种问题。

3.小学数学教育也是培养学生自信心和兴趣的关键时期

数学是一门需要一定思维能力和理解能力的学科，对于一些学生来说，可能会感到困难且具有挑战性。然而，学生通过小学数学教育可以逐渐掌握基本的数学知识和技能，并在解决问题的过程中获得成就感，从而培养他们的自信心和兴趣。这种自信心和兴趣将有助于学生在后续的数学学习中保持积极的态度。

4.小学数学教育对于学生的未来职业发展也具有重要意义

数学知识和技能的应用范围非常广泛，无论是科学研究、工程设计、经济金融、医疗健康等领域都需要具备一定的数学素养。学生通过小学数学教育可以打下坚实的数学基础，为未来的职业发展做好准备。

（五）激发探索精神和创新意识

1.激发探索精神

小学数学教育不仅仅是传授知识，更重要的是激发学生的探索精神。小学数学教师通过解决实际问题、开展实践活动、鼓励质疑和提问等方式可以引导学生主动探索，发现数学在现实生活中的应用，从而培养他们的独立思考能力和解决问题的能力。这种探索精神不仅对学生的学习有深远的影响，也会影响他们未来的职业和生活。

学生在解决实际问题的过程中需要运用所学的数学知识，通过思考、尝试、实践，最终找到解决问题的方法。这样的过程不仅能加深学生对数学知识的理解，还能培养他们解决问题的能力，让他们学会如何面对问题、分析问题、解决问题。

开展实践活动也是激发探索精神的重要方式。教师可以设计各种有趣的数学游戏、竞赛等，让学生在轻松愉快的氛围中学习数学，感受数学的魅力。这样的活动不仅能激发学生的学习兴趣，还能培养他们的团队协作精神和创新能力。

2.培养创新意识

小学数学教育也是培养学生创新意识的重要途径。通过鼓励学生的奇思妙想来培养他们的创新思维和创新能力，小学数学教师可以帮助学生打破传统思维的束缚，发掘新的解决问题的方法。

学生在数学学习中需要不断尝试新的解题方法、探索新的数学规律，这有助于培养他们的创新思维和创新能力。同时，教师也可以通过设置开放性问题、引导学生进行猜想和实验等方式，培养学生的创新意识。这些方法不仅能激发学生的学习兴趣和好奇心，还能让他们学会从多个角度思考问题，从而培养他们的创新意识和创新能力。

第二节 小学数学教学理论的发展趋势

一、强调从单纯传授知识转向注重发展智力和培养能力

在当今的教育领域，现代教学理论正在经历一场深刻的变化。教学目标已经从单纯传授知识转向注重发展智力和培养能力，这一转变正在推动教学方法的创新。美国著名教育家布鲁纳和德国教育家瓦·根舍因的观点，强调不仅要教育成绩优良的学生，而且要帮助每个学生获得最好的智力发展，这一理念正在成为教学的新导向。

布鲁纳曾指出，教育不仅要培养成绩优秀的学生，更要帮助每个学生获得最好的智力发展。他的观点强调了教育不仅要关注学生的学术表现，更要关注他们的智力发展和思维能力。这意味着教学方法需要从传统的以教师为中心，转向以学生为中心，鼓励学生积极参与，独立思考，发现问题并解决问题。

德国教育家瓦·根舍因也强调，教育不仅要使学生掌握科学知识，还要训练学生的独立思考和判断力。他主张教育应该培养学生的批判性思维，使他们能够独立地分析问题，做出决策，并解决问题。这种教学方法鼓励学生自主学习，培养他们的创新能力和问题解决能力。

教学目标的改变，也促进了新教学方法的形成。这些新方法更加强调学生的主动性和参与性，鼓励学生自主学习，合作学习，探究学习。这些新的教学方法能够更好地发挥学生的学习主动性，有利于发展学生的智力，培养学生独立获取知识的能力。

研究表明，这些新的教学方法不仅能提高学生的学术成绩，更能发展学生的智力，培养他们独立获取知识的能力。这些教学方法鼓励学生主动思考，积极参

与，通过实践和探索来学习，从而更好地理解和掌握知识。同时，这些方法也培养了学生的创新精神和问题解决能力，使他们能够更好地适应未来的挑战。

二、注重学生的主体作用与教师的主导作用

在教育领域，教学理论的发展是一个持续的过程，随着时间的推移，新的理念和方法不断涌现。当前，现代教学理论的发展趋势强调学生的主体作用，同时强调教师的主导作用必须与学生的主体作用相结合。这种转变反映了教育者对学习过程的理解和尊重，以及对教学方法的重新定位。

（1）现代教学理论注重学生的主体作用。过去，传统的教学理论强调教师的主导作用，教师是知识的传播者，而学生则是被动的接受者。然而，现代教学理论认为，学生应该是学习的主体，他们应该被视为积极参与知识获得过程的人。这种观点的转变有助于打破传统的教师讲授、学生被动接受的模式，鼓励学生积极参与学习过程，培养他们的独立思考能力和创新精神。

（2）现代教学理论强调教师的主导作用与学生的主体作用相结合。教师不再是单纯的知识传递者，而是学生学习的指导者、促进者。教师的作用不仅在于传授知识，更在于引导、启发和帮助学生，使他们能够独立思考、自主探索。教师的主导作用体现在设计教学计划、组织课堂教学、提供学习资源、解答疑问等方面，以支持学生的主体作用。

（3）布鲁纳的教学理论也为教师理解现代教学理论的发展趋势提供了重要视角。他强调儿童是"主动参加知识获得过程的人"，教师则是"主要辅导者"。这意味着教师不再仅仅是知识的提供者，而是帮助学生发现和解决问题的人。

（4）对教师在教学评价中的角色也发生了变化。过去，评价教师的主要标准是他们的讲授水平，而现在，更重要的是看教师在教学过程中是否充分发挥了学生的主体作用，是否能够调动学生学习的积极性，是否能够引导学生思考，是否能够指导学生逐步学会独立获取知识的方法。

三、多种教学方法交叉使用和互相配合

当下，现代教学理论正在发生深刻的变化。其中，教学方法的交叉使用和互相配合成为一种重要的趋势。这一趋势强调根据教学目的、内容和学生选用不同的方法，并把几种教学方法配合起来使用，以适应多样化的教学需求。

苏联教育家巴班斯基曾指出，不存在"教学法上的'百宝箱'"。这意味着，不存在一种适用于所有情况和学生的万能教学法。每种教学方法都有其优点和局限性，需要根据具体情况进行调整和优化。

美国富兰克尔曾说过："不存在任何情况下，对任何学生都行之有效的唯一的'最佳方法'"。这意味着教学方法的选择应该根据学生的个体差异和教学环境的变化而变化，而不是僵化地采用一种方法。这种新的教学论观点在小学数学教学法中也得到了反映。美国 C·芮代瑟尔在《小学数学教学》一书中强调，教学方法因数学课题、所教的儿童以及教师的风格而有不同；教学方法也不是"单一的"，可以有不同的组合。这意味着小学数学教学不应局限于一种方法，而应考虑多种方法的交叉使用和互相配合。

交叉使用和互相配合的教学方法对于提高教学效果具有重要的意义。首先，它能够满足学生的个性化需求。每个学生都有不同的学习风格和兴趣爱好，单一的教学方法可能无法满足所有学生的需求。教师通过交叉使用和互相配合的教学方法可以提供多样化的学习体验，满足不同学生的需求。其次，交叉使用和互相配合的教学方法有助于提高学生的学习效果。不同的教学方法有其特定的优点和适用范围，如探究式教学能够培养学生的问题解决能力，而讲授式教学则能够帮助学生快速理解知识体系。教师通过交叉使用和互相配合可以更好地平衡不同教学方法的优点和不足，从而提高学生的学习效果。最后，交叉使用和互相配合的教学方法也有助于培养学生的创新能力和批判性思维。学生通过多种教学方法的组合使用可以接触到不同的学习方式和思考方式，从而培养出更加灵活、开放的思维方式。这有助于学生在未来的学习和工作中更好地适应各种变化和挑战。

四、提倡从学生的个性差异出发，采取灵活多样的教学组织形式

在传统的教学环境中，整齐划一的班级教学制是主要的教学组织形式。这种形式在一定程度上满足了大规模教育的需求，但随着教育理念的不断发展和进步，教师逐渐认识到这种形式无法适应学生的个别差异，无法使每个学生都得到充分发展。现代教学理论已经提出了新的教学组织形式，提倡从学生的个性差异出发，采取灵活多样的教学组织形式。

现代教学理论提倡将班级教学、分组教学和个别教学结合起来，这样的结合可以更好地适应学生的个别差异，同时也能够充分利用各种教学资源的优势。这

样的教学组织形式不再是单一的，而是多元化的，它既能够面向全体学生，也能够注意到个别差异。

在实践中，这种灵活多样的教学组织形式已经取得了显著的成功。首先，它能够更好地满足不同学生的学习需求，使每个学生都能够得到适合自己的教育方式。其次，它能够提升学生的学习效果和教师的教学质量，使学生的学习更加高效和有趣。最后，它还能够促进学生的个性化发展，使每个学生都能够发挥自己的特长和潜力。

五、优化教学过程，提高教学效率

现代教学理论的发展趋势是强调优化教学过程，提高教学效率。现代教学理论把教学过程看作是一个信息传输和交换的系统，研究对教学过程进行最佳控制，以达到良好的教学效果。

在现代教学理论中，教师和学生被视为一个整体，他们共同参与教学过程，形成一个信息传输和交换的系统。在这个系统中，教师作为信息的发送者，负责向学生进行知识、技能、价值观等方面的信息传输；学生作为信息的接受者，通过自身的认知、情感、意志等心理活动，对信息进行接收、加工、处理，并反馈给教师。在这个过程中，教师和学生需要进行互动、交流、合作，以达到最佳的教学效果。

为了达到最佳的教学效果，现代教学理论强调对教学过程进行最佳控制。这需要教师根据教学内容、学生特点、教学环境等因素，制订科学合理的教学计划和方案，并对教学过程进行有效的监控和调整。同时，现代教学理论也强调学生的主体地位，尊重学生的个性差异，注重培养学生的自主学习能力和创新精神。

苏联教育家巴班斯基提出的"教学过程最优化的基本标准"中，第一是效果，第二是时间。也就是说，教师在教学过程中不仅要达到良好的教学效果，还要尽可能地节省时间、精力等资源，以实现最大的教学效益。为了达到这一目标，现代教学理论提倡采用先进的教学方法和手段，如多媒体教学、网络教学、互动式教学等，以提高教学效率和质量。

六、注重综合性培养

综合性培养的核心在于培养学生养成独立学习、独立思考的习惯，使他们能够形成一定的判断力和认知力。这种转变不仅要求学生掌握更多的知识，更重要的是要求学生需要学会如何将所学知识运用到实际生活中，如何从不同的角度看待问题，如何灵活运用自己学到的知识解决生活中的实际问题。

现代教学理论的发展趋势还体现在课程设置上。为了满足综合性培养的需求，课程设置正在发生深刻的变化。新兴学科的增加，使得学生能够接触到更多的知识和观点，这无疑有助于他们的全面发展。此外，基础学科之外的教学内容也得到了更多的重视，例如，体育、音乐、美术等学科也被纳入课程中来，这些学科不仅能提高学生的身体素质和审美能力，也能促进学生的心理健康，培养他们的创新精神和实践能力。

现代教学理论的发展趋势也表现在教学手段的更新上。现代科技的发展为教学提供了更多的可能性，例如，数字化教学、在线教学、虚拟现实技术等，这些新的教学手段不仅可以提高教学的效率，也能激发学生的学习兴趣，提高他们的学习积极性。

现代教学理论的发展趋势之一是注重综合性培养，这意味着教学不仅是知识的传授，更是学生智力和能力的全面培养。这不仅是现代社会对教育提出的要求，也是教育发展的必然趋势。只有通过这样的教学方式，教师才能培养出能够适应现代社会复杂性的综合型人才。

七、实践与应用的引入

随着教育改革的深入，现代教学理论正在逐步转变传统的教学方法，更加注重实践与应用，小学数学教育也不例外。

传统的小学数学教育往往偏重理论知识的传授，而忽视了数学在实际生活中的应用。然而，数学是一门实用的学科，它不仅是一门科学，更是一种工具，可以应用于各个领域。引入实践与应用是小学数学教育的重要趋势。

通过将数学知识应用于实际生活中解决问题，学生可以更好地理解数学的意义和价值。例如，在学习分数时，教师可以引导学生解决分蛋糕的问题，让学生在实际操作中理解分数的概念。在学习几何图形时，教师可以引导学生观察生活中的各种形状，如桌子、椅子、球等，让学生在实际观察中理解几何图形的性质。

引入实践与应用的教学方法，不仅能提高学生的数学成绩，更能培养他们的数学兴趣和能力。当学生看到数学在实际生活中的作用，他们会更加懂得数学的实用价值，从而激发他们的学习热情。同时，通过解决实际问题，学生将学会如何运用数学思维，这将对他们未来的学习和生活产生深远影响。

现代教学理论的发展趋势表明，小学数学教育将更加注重实践与应用。通过引入实际问题解决，学生将能更好地理解数学的意义和价值，也能培养他们的数学兴趣和能力。这种教学方法不仅能提高学生的学习效果，也能为他们的未来发展打下坚实的基础。教师应该积极推动这种教学方法在小学数学教育中的应用，以实现更有效的教学。

第三节　社会发展对小学数学教学的新要求

一、小学数学教学要有超前意识

随着社会的不断发展，小学数学教学也面临着新的要求和挑战。在当今的时代，数学不仅仅是一门基础学科，更是社会发展的重要工具。小学数学教学必须要有超前意识，教师不仅要传授数学知识，更要培养学生的数学思维、数学应用能力和创新能力。

（一）超前意识的重要性

小学数学教学要有超前意识，是为了适应时代的发展和社会的需求。随着科技的进步和信息化时代的到来，数学的应用范围越来越广泛，数学已经渗透到各个领域。小学数学教学应该注重培养学生的数学思维和应用能力，让他们能够适应未来社会的发展。

小学数学教学要有超前意识是为了提高学生的综合素质。数学不仅仅是一门学科，更是一种思维方式和方法。通过小学数学教学，学生可以培养自己的逻辑思维、抽象思维、创新思维等能力，这些能力对于学生的未来发展具有重要的意义。

（二）超前意识的具体表现

1.注重数学应用能力的培养

教师在小学数学教学中应该注重培养学生的数学应用能力，让学生能够将数学知识应用到实际生活中。例如，可以通过一些实际问题来引导学生学习数学知识，让他们能够在实际生活中运用数学知识解决问题。

2. 注重数学思维的培养

数学思维是数学的核心，小学数学教学应该注重培养学生的数学思维。例如，教师可以通过一些有趣的数学问题来引导学生思考问题的方式和方法，让他们能够从不同的角度思考问题，培养他们的思维能力。

3. 注重创新能力的培养

创新能力是未来社会发展的重要能力之一，小学数学教学应该注重培养学生的创新能力。例如，教师可以通过一些开放性的问题来引导学生思考问题的方式和方法，培养学生的创新能力。

（三）超前意识的实现方法

1. 加强师资队伍建设

教师是小学数学教学的关键因素之一，要加强师资队伍建设，提高教师的专业素质和教学水平。学校应该加强对教师的培训和考核，让教师能够更好地适应时代的发展和社会的需求。

2. 更新教学内容和方法

小学数学教学内容和方法应该与时俱进，要注重更新教学内容和方法，让学生能够更好地掌握数学知识。同时，应该注重培养学生的数学思维和应用能力，让他们能够更好地适应未来社会的发展。

3. 加强实践教学

小学数学教学应该加强实践教学，让学生能够更好地将数学知识应用到实际生活中。学校可以组织一些实践活动，让学生能够亲身参与其中，培养学生的实践能力。

二、小学数学教学要有开放意识

（一）开放意识的重要性

在当今社会，开放意识已经成为教育领域中的重要理念。它强调在教学过程中，要注重培养学生的创新思维、批判性思维和解决问题的能力。这种开放意识不仅有助于提高学生的综合素质，还能为学生的未来发展奠定坚实的基础。

开放意识的重要性主要体现在以下几个方面：

（1）培养学生的创新思维。开放意识鼓励学生从多个角度思考问题，尝试不同的解决方法，从而培养他们的创新思维。

（2）提高学生的自信心。开放性问题往往没有标准答案，学生可以在课堂上自由表达自己的观点，这有助于提高学生的自信心和表达能力。

（3）促进师生互动。开放性问题需要师生之间的互动和讨论，这有助于促进师生之间的交流和互动，提高教学效果。

（二）开放意识的具体表现

开放意识的具体表现形式包括以下几个方面：

（1）教学内容的开放性。教师不再局限于教材中的内容，而是根据学生的实际情况和兴趣爱好，引入一些与学生生活紧密相关的实际问题，让学生尝试用数学方法来解决。

（2）问题设计的开放性。教师设计的问题不再是封闭式答案，而是具有一定开放性的问题，让学生能够从多个角度来思考和回答。

（3）教学方法的多样性。教师不再局限于传统的教学方法，而是采用多种教学方式来引导学生思考和探索问题，如小组讨论、合作探究等。

（4）教学评价的多元化。教师不再仅仅关注学生的成绩，而是注重学生的综合素质和全面发展，采用多元化的评价方式来评估学生的学习效果。

（三）开放意识的实现方法

为了实现小学数学教学中的开放意识，教师可以采取以下几种方法：

（1）转变教学观念。教师需要转变传统的教学观念，注重培养学生的创新思维和批判性思维，鼓励学生从多个角度思考问题。

（2）丰富教学资源。教师需要不断丰富教学资源，教师还需要关注最新的教育理念和方法，不断更新自己的教学观念和方法。

（3）营造良好的教学氛围。教师需要营造一个宽松、自由的教学氛围，鼓励学生自由表达自己的观点和想法，激发他们的创新思维和批判性思维。同时，教师还需要关注学生的情感和心理需求，给予他们足够的关爱和支持。

（4）培养学生的自主学习能力。教师需要注重培养学生的自主学习能力，让他们学会如何自主探究问题和解决问题。教师可以引导学生进行小组讨论、合作探究等活动，帮助他们学会合作和交流。

（5）多元化评价方式。教师需要采用多元化的评价方式来评估学生的学习效果，不仅关注学生的成绩，还要注重学生的综合素质和全面发展。例如，教师可以采用自我评价、同伴评价、教师评价等多种方式来综合评估学生的学习情况。

三、小学数学教学要有人的主体意识

（一）人的主体意识的重要性

人的主体意识是指个体在面对问题时，能够主动思考、积极探索，并能够运用所学知识解决实际问题的能力。人的主体意识的培养不仅有助于提高学生的数学素养，还有助于培养学生的创新能力和实践能力。同时，人的主体意识也是学生个人成长和社会发展的必要条件。

（二）人的主体意识的具体表现

1. 独立思考的能力

学生能够独立思考问题，不依赖他人，能够自主探究数学问题，并尝试用不同的方法解决问题。

2. 创新思维的能力

学生能够运用所学知识，从不同的角度思考问题，提出新的解题思路和方法。

3. 实践能力

学生能够将所学数学知识运用到实际生活中，解决实际问题，提高自己的实践能力。

（三）人的主体意识的实现方法

1. 培养学生的兴趣

通过生动有趣的数学教学活动，让学生感受数学的魅力。

2. 注重学生的个性发展

鼓励学生在学习中发挥自己的特长和优势，激发学生的学习动力。

3. 培养学生自主学习的能力

通过设置合理的学习任务和问题，引导学生自主学习和思考，提高学生的自主学习能力。

4. 增强师生互动

建立和谐的师生关系，鼓励学生积极表达自己的想法和意见，让学生在课堂上得到充分的表达和展示的机会。

四、小学数学教学要帮助学生培养学科意识

（一）学科意识的重要性

学科意识是指学生对某一学科的基本概念、原理和方法的理解和掌握，以及对学科与其他学科之间的联系和区别的认识。学科意识的培养是非常重要的。首先，学科意识有助于提高学生的数学素养，增强学生的数学思维能力。其次，学科意识有助于培养学生的创新意识和创新能力，为未来的学习和工作打下坚实的基础。

（二）学科意识的具体表现

学科意识的具体表现主要包括以下几个方面：

（1）学生对数学基本概念的理解和掌握，如数、量、形等概念的理解和运用。

（2）学生能够运用数学原理和方法解决实际问题，如计算、测量、统计等。

（3）学生能够认识到数学与其他学科之间的联系和区别，如数学与物理、化学、生物等学科的联系和区别。

（4）学生能够运用数学思维方法思考和解决问题，如逻辑思维、空间思维等。

（三）学科意识的实现方法

为了实现小学数学教学中的学科意识培养，教师可以采取以下方法：

1. 注重基础知识的教学

教师要注重基础知识的教学，帮助学生掌握数学基本概念和方法。同时，要注重知识之间的联系和区别，帮助学生建立完整的数学知识体系。

2. 注重实践应用

数学是一门实践性很强的学科，教师要注重实践应用的教学，引导学生运用数学知识解决实际问题。同时，要注重培养学生的创新意识和创新能力，鼓励学生尝试不同的解题方法和思路。

3. 注重跨学科教学

数学与其他学科之间有着密切的联系和区别，教师要注重跨学科教学，帮助学生认识数学与其他学科之间的联系和区别。例如，在物理实验中引入数学模型，帮助学生理解物理现象背后的数学原理。

4. 注重思维方法的培养

数学思维方法是数学学习的重要内容之一，教师要注重思维方法的培养，引

导学生运用逻辑思维、空间思维等方法思考和解决问题。同时，要注重培养学生的发散思维和创新思维。

五、小学数学教学要帮助学生掌握数学思想方法

小学数学教学需要帮助学生掌握数学思想方法。数学思想是数学知识的精髓，是人们对数学事实和理论经过概括后产生的本质认识。培养学生的数学思想方法，可以让他们更好地理解数学的本质，提高数学思维能力。教师应当注重数学思想方法的渗透，让学生在学习数学知识的过程中，逐渐领悟到数学思想的重要性。

掌握数学思想对于提高学生的数学能力具有重要意义。数学能力是人们在解决数学问题时表现出来的能力，它包括运算能力、思维能力、空间想象能力等。学生通过数学思想的培养可以更好地理解数学问题，找到解决问题的有效方法，从而大幅提高数学能力。

现代教育已经认识到数学思想方法教学的重要性，并将其纳入中小学数学课程的重要部分。教师应该在教学中注重渗透数学思想方法，通过实际问题和案例的讲解，让学生逐步领悟到数学思想的应用。同时，教师也要鼓励学生多进行思考和交流，让他们在合作学习中相互促进、共同提高。

社会发展对小学数学教学提出了新的要求，即注重培养学生的数学思想方法，提高他们的数学能力。为了实现这一目标，教师需要在教学过程中注重渗透数学思想方法。只有这样，才能让小学数学教学更好地适应社会发展的需要，培养出更多具有创新能力和实践能力的人才。

六、小学数学教学要让不同层次的学生学到数学

（1）小学数学教学需要注重基础知识和基本技能的传授。数学是一门基础学科，它不仅与教师的日常生活息息相关，而且也是许多学科的基础。小学数学教学应该注重基础知识和基本技能的传授，确保全体学生都能够掌握这些基本技能，为将来的数学学习打下坚实的基础。

（2）小学数学教学需要注重培养学生的数学思维和解决问题的能力。数学是一种思维方式。教师需要注重培养学生的数学思维和解决问题的能力，让他们学会用数学的角度去看待问题、分析问题和解决问题。这不仅有助于提高学生的数学成绩，也有助于培养学生的创新能力和实践能力。

（3）小学数学教学需要注重学生的个性化发展。每个学生都是独一无二的个体，他们在数学方面的兴趣、天赋和学习能力都存在差异。小学数学教学需要尊重学生的个性化差异，让不同层次的学生都能够得到适合自己的发展。对于那些对数学有兴趣或天赋的学生，教师可以通过提供更多的挑战和机会，让他们在数学领域中得到更好的发展。

社会发展对小学数学教学提出了新的要求和挑战。教师需要注重基础知识和基本技能的传授、培养数学思维和解决问题的能力、尊重学生的个性化差异，以确保不同层次的学生都能够学到有价值的数学知识，为将来的数学学习和生活打下坚实的基础。

七、小学数学教学要适应和促进社会发展

在人类社会的发展进程中，科学技术的发展一直起着决定性的作用。从最初的粉笔教学，到投影、PPT，再到如今的电子白板，小学数学教学的工具和手段发生了翻天覆地的变化。这些变化反映了科学技术迅猛发展的趋势，同时也对小学数学教学提出了新的要求。

（1）数学教育随着时代的变化，所赋予的期望和要求也在提高。教师借助计算机的模拟可以揭示未知的数学现象，证明一些未能证明的数学定理。这在过去是无法想象的，但在今天的科技条件下，已经成为可能。例如，在解决复杂的数学问题时，计算机的强大计算能力可以帮助学生更快地找到答案。

（2）数学教育的发展应该包含数学发展和社会发展两方面内容。数学教育不仅仅是教授数学知识，更是培养学生的数学思维和解决问题的能力。而社会的发展则要求数学教育要适应和促进社会的发展，培养出适应社会需求的人才。

（3）许多数学教育工作者借助现代化设备，使得课堂教学效果进一步提高和落实。教师利用多媒体教学，使抽象的数学知识变得生动有趣，提高了学生的学习兴趣和参与度。这种教学方法的改革，不仅提高了教学效果，也使得数学教育更加贴近生活，更加实用。

数学教育的改革并非一蹴而就，它需要教师吸收他人成功的经验，结合自身特点，面向实际。教师不能盲目追求现代化的教学手段，而忽视了教学的本质——学生的学习和成长。教师只有根据学生的实际需求，结合教育资源的情况，进行合理的改革，才能使数学教育得到长远发展。数学教育的成功与否，不仅关系到

学生个人的成长，更关系我国教育事业的发展。教师需要认真对待数学教育的问题，加大投入，优化教育资源，提高教学质量，培养出更多适应社会需求的人才。

八、小学数学教学要采用适合学生身心发展规律的教学方法

小学数学教学应关注学生的身心发展特点，采用适合他们的教学方法。

（一）结合生活实际

小学数学教学应该注重与生活实际的结合，让学生从生活中发现数学问题，从而激发他们的学习兴趣。例如，通过测量物体的长度、面积和体积，培养学生的测量技能和应用意识。

（二）小组合作学习

小组合作学习可以让学生在学习过程中互相交流、互相帮助，从而培养他们的团队协作能力和自主学习能力。教师可以根据教学内容和目标，组织小组合作学习活动，让学生在实际操作中学习和成长。

（三）情景教学法

情景教学法是一种将数学知识与实际生活情景相结合的教学方法。通过创设不同的生活情景，让学生在实际应用中学习数学知识，提高学生的学习兴趣和主动性。例如，在讲解加减法时，教师可以创设购物情景，让学生扮演售货员和顾客，进行买卖交易，从而掌握加减法的应用。

（四）探究式教学法

探究式教学法是一种以学生为主体、教师为引导者的教学方法。通过提出问题、猜想与假设、制订计划、实验操作、收集证据、解释与结论、反思与评价等环节，引导学生自主探究数学知识，培养他们的思维能力和创新能力。例如，在讲解三角形稳定性时，教师可以引导学生探究生活中哪些地方应用了三角形的稳定性，并让他们自己动手制作三角形框架，从而加深对三角形稳定性的理解。

（五）游戏化教学法

游戏化教学法是将数学知识融入游戏中，让学生在游戏中学习数学知识的教学方法。通过游戏化的教学方式，可以激发学生的学习兴趣和积极性，提高他们的参与度和学习效果。例如，可以通过数学游戏"24 点"来训练学生的快

速反应能力和数学思维能力；教师可以通过数学谜语来培养学生的数学素养和语言表达能力。

（六）实验教学

实验教学是一种能够激发学生的学习兴趣和探索精神的教学方法。小学数学教学可以通过实验教学来培养学生的观察能力、分析能力和解决问题的能力。例如，教师可以通过模拟购物游戏来学习货币的换算和计算。

（七）信息化教学

信息化教学可以利用多媒体技术和网络资源，为学生提供丰富的教学资源和学习平台。小学数学教学可以利用信息化教学平台，让学生自主学习、互动交流，从而拓宽学生的知识面和视野。

（八）重视评价与反馈

小学数学教学应该重视评价与反馈，及时了解学生的学习情况和问题，从而调整教学方法和策略。教师可以通过课堂观察、作业评价、考试等形式来了解学生的学习情况，给予学生及时的反馈和指导。

第二章　新视角下的小学数学教学理念

第一节　学本教育理念

一、学本教育理念的概念

"学本教育"是由广西桂平市南木镇中心小学陈庆创立的与"教本教育"相对立的教育理念。所谓"学本教育"是指立足于现代先进教育理念和素质教育宗旨，坚持以人为本的教育思想，尊重学生的生命本体，为学生会学、乐学、善学而设计，并以促进学生的幸福成长和终身可持续和谐发展为归宿的教育理念和教育教学方法。

二、学本教育理念的内涵

（一）以学生为本

以学生为本是与以人为本的现代教育理念相呼应的。它强调在教育过程中，学生是主体，是核心，是灵魂。学本教育理念强调尊重学生的主体性，关注学生的个体差异，培养学生的自主学习能力和创新思维能力。

1. 学本教育理念尊重学生的主体性

学本教育理念，意味着教师在教学过程中不再是单纯的知识传授者，而是学生学习的引导者和辅助者。教师通过引导学生主动参与学习过程，激发学生的学习兴趣和主动性，让学生在探索中发现问题、解决问题，从而培养其独立思考和自主学习的能力。

2. 学本教育理念关注学生的个体差异

每个学生都具有不同的兴趣、爱好、特长和学习风格。学本教育理念强调尊重学生的个性，根据学生的特点制订个性化的教学方案，使每个学生都能得到充分的发展。

3. 学本教育理念强调培养学生的创新思维能力

数学是一门需要创新思维的学科，学本教育理念鼓励学生打破传统思维模式，敢于尝试、敢于创新，通过多样化的教学方式，如问题解决、项目合作、实践操作等，培养学生的创新意识和实践能力。

（二）以学生的学习为本

以学生的学习为本是与"以学为本"以及"教育作为人的生存方式"等理念相呼应的。学本教育理念强调以学生的学习需求为出发点，关注学生的学习过程和学习效果，注重培养学生的数学素养和综合能力。

1. 学本教育理念关注学生的学习过程

教师在教学过程中不仅关注学生最终的学习成果，更注重学生的学习过程。教师通过引导学生积极参与学习过程，培养其良好的学习习惯和方法，提高其学习效率和质量。

2. 学本教育理念注重学生的学习效果

教学效果是衡量教学质量的重要指标。学本教育理念强调通过多样化的教学方式和手段，激发学生的学习兴趣和动力，提高学生的学习效果。同时，教师还需要关注学生的反馈意见和建议，不断改进教学方法和手段，提高教学质量。

3. 学本教育理念注重培养学生的数学素养和综合能力

数学是一门需要广泛应用的学科，学本教育理念鼓励学生将数学知识应用于实际生活中，培养其解决问题的能力、创新能力和合作能力等综合能力。通过多样化的数学活动和情境教学，让学生感受到数学在生活中的应用价值，激发其学习数学的热情和动力。

（三）以学生为主体性学习为本

在小学数学学本教育中，学生是学习的主体，教师则是引导者和辅助者。教师通过创设问题情境，引导学生主动探究、思考、讨论和总结，使学生能够自主发现问题、分析问题和解决问题。这种教学方式能够激发学生的学习兴趣和主动性，培养学生的独立思考能力和创新精神。

与传统教学方式相比，学本教育理念更注重学生的主体性学习，鼓励学生积极参与、主动探索，让学生在实践中学习和成长。这种教学方式与新课改倡导的

研究性学习相呼应，强调学生在学习过程中的主动性和创造性，有利于培养学生的综合素质和创新能力。

（四）以学生的学会学习为本

"授人以鱼，不如授人以渔"，即教育不仅要传授知识，更要传授学习方法。教师在小学数学学本教育中不仅要教给学生数学知识，更要教给学生学习数学的方法和技巧。首先，教师要培养学生的数学思维能力和独立思考能力，让学生能够自主发现问题、分析问题和解决问题。其次，教师要引导学生掌握数学学习方法，如数形结合、分类讨论、归纳推理等，让学生能够灵活运用所学知识解决实际问题。最后，教师要鼓励学生积极探索、实践和创新，让学生在实践中不断成长和进步。

（五）以学生的自为之学为本

1. 会学

学本教育理念强调学生需要掌握基本的学习技巧和方法。教师通过提供适当的教学材料和环境，引导学生主动探索，培养他们的自主学习能力。

2. 乐学

兴趣是最好的老师。学本教育理念重视培养学生对数学的兴趣，教师通过生动有趣的教学活动，让学生感受到数学的魅力，从而乐于学习数学。

3. 善学

善学意味着学生能够有效地组织和管理自己的学习。教师通过提供学习策略的指导，帮助学生掌握如何高效地学习，形成自己的学习风格。

（六）以学生的学习能力为本

1. 科学学习方式

学本教育理念强调学生的全面发展，包括科学的学习方法和态度。教师通过引导学生掌握数学基础知识，培养他们的科学思维和解决问题的能力。

2. 教育内涵发展

学本教育理念关注学生的内在素质和学习能力的发展。教师通过丰富多样的教学活动，提高学生的数学素养和思维能力。

3. 学生全面发展

学本教育理念注重学生的全面发展，包括知识、技能、情感和价值观等多个方面。教师通过多元化的教学活动，促进学生的全面发展。

4. 和谐发展

学本教育理念强调学生之间的和谐发展，教师通过合作学习、互动交流等活动，培养学生的合作精神和团队意识。

5. 能力为重

学本教育理念强调对学生学习能力的重视，不仅关注知识的掌握，更关注学生独立思考的能力、解决问题的能力和创新能力的发展。

三、学本教育理念的特点

（一）突出学生

学本教育理念强调尊重学生的生命本体，尊重教育科学，特别是要尊重学生的成长和发展规律。突出学生就是要尊重学生的主体地位，满足学生的学习需求，让每个学生都能够得到充分的发展。具体而言，突出学生可以通过以下几个方面来实现：

1. 自主学习

学本教育理念倡导学生自主学习，鼓励学生通过自己的努力去探索、发现和解决问题。教师可以通过创设问题情境、提供学习材料、引导学生自主探究等方式，培养学生的自主学习能力。

2. 合作学习

学本教育理念强调合作学习，鼓励学生通过小组合作、交流和分享，共同解决问题并提高学习效率。教师可以根据教学内容和学生的实际情况，设计小组讨论、合作探究等活动，让学生在合作中互相学习、互相帮助、共同进步。

3. 探究学习

学本教育理念倡导探究学习，鼓励学生通过实践、实验、调查等方式去发现和解决问题。教师可以根据教学内容和学生的实际情况设计探究性作业、实践活动等，让学生在探究中体验数学知识的应用和价值，培养学生的探究能力和创新精神。

（二）改变教学方式

学本教育理念强调改变教学方式，改变过去强调接受学习、死记硬背、机械训练的现象，倡导学生主动参与、乐于探究、勤于动手，培养学生搜集和处理信息的能力、获取新知的能力、分析和解决问题的能力以及交流与合作的能力。可以通过以下几个方面来实现教学方式的变化：

1. 改变教师角色

在学本教育理念下，教师是学生学习的指导者、帮助者和伙伴。教师需要关注学生的学习需求和个性差异，引导学生自主学习、合作学习、探究学习，帮助学生发现和解决问题。

2. 增加学生参与度

学本教育理念强调学生的参与度，鼓励学生积极参与教学活动，发表自己的观点和看法。教师需要创造条件让学生充分表达自己的想法和意见，增强学生的自信心和成就感。

3. 倡导多元评价

学本教育理念倡导多元评价，评价不仅要关注学生的成绩，还要关注学生的综合素质和能力。教师需要采用多种评价方式，如过程性评价、表现性评价等，全面了解学生的学习情况和进步程度。

（三）突出自为

学本教育理念已经逐渐成为主导的教学方式。这个理念的核心在于突出"自为"的特点，即强调学生在学习过程中的自主性和自我管理。从词义上讲，自为包括以下四点含义：自己做、自己治理、自己做主、自然而成。而在教育学的角度看，自为指的是一个人独立地学习或处事，即当一个人学习或做事时，无论从动机、计划、实施，到事后的反馈等全都出于自己，而不是被动地接受命令或指示。

"自己做"和"自己治理"是自为理念的基础。学生在数学学习中需要主动地探索和解决问题，而不是被动地接受知识。他们需要制订自己的学习计划，管理自己的学习时间，掌握自己的学习进度。这样的学习方式有助于培养学生的独立性和自主性。

"自己做主"是指学生在学习过程中要有自己的思考和判断。数学是一门需要思考和创新的学科，学生需要有自己的想法和观点，能够自主地决定采用哪种方法解决问题。这样的学习方式有助于培养学生的创新能力和独立思考能力。

"自然而成"是指学生在学习过程中逐渐形成自己的学习风格和特点。学生通过自为的学习方式能够逐渐找到适合自己的学习方法。这样的学习方式有助于提高学生的学习效率和自信心。

突出自为就是要突出"师无事而生自学，师无为而生自为"和"无为之教（教是为了不教），自为之学（学是为了非教）"。

（四）突出会学

随着时代的进步和发展，人们对小学数学教学的要求会越来越高，所以传统的以教为主的教学方法已不能适应时代的需要。新的教学观越来越强调学生在学习中的主体地位，突出了教会学生学习的方法和策略，使学生能够自己去获取知识。这是教育的最高境界，也是当今教师的重要任务。把传统意义上的单纯"学会"知识转到"会学"知识，适应时代的发展。"会学"数学就是在教师的指导下，让学生掌握学习方法，学会主动学习，并能运用这一学习方法去解决实际问题。所以"学本"理念下的数学教学，应是一种以弘扬人的学习天性为宗旨的教学。它充分尊重学生的主体地位，强调的是自主性学习、探究性学习、发展性学习和研究性学习。

传统的教学思想把"教会"知识作为教学的主要目标，而现代教学思想则把教会学生"会学"作为主攻方向。在传统的教学论中，教师对学生是"教会"知识，而现代教学论强调学生是"会学"知识。这种转变，充分体现了现代教学论对于学习的基本观点是：学习的主动权应当掌握在学生手里。这种观念的确立，有助于教师进一步改革教学方法与形式，有助于培养学生的自主学习能力。

任何一种良好素质的形成，都是以相关的一定量的知识为基础的。无论是传统的还是现代的教学思想，使学生掌握一定的知识都是必需的。没有知识就没有教育。知识是教养学生的前提条件。没有知识，学生就无法学到其他的东西。从这个意义上讲，传统与现代的教学思想是一致的。

传统的教学思想注重的是结果——教知识；而现代教学思想注重的是过程——教学生学习的方法。传统的教学思想把学生看成是知识的容器；而现代教学思想则把学生看成是"火把"，需要点燃的火把。传统的教学思想是为了应试；而现代教学思想则是为了培养能力，培养终身学习的能力。传统的教学思想是教师讲学生听；而现代教学思想则是要求教师做学生学习活动的组织者和引导者。

教师应把打开知识宝库的钥匙放在学生的手中。因为只有把钥匙交到学生手里，才能对培养和提高学生的数学素质有利。教师在教学的过程中，应注意使学生逐步摸索出学习的方法，通过不断地获得成功的体验，感受学习带来的快乐，树立学好数学的信心，从而达到掌握知识、学会学习的目的。总之，教是为了最终的不教，讲是为了最终的不讲。授之以渔而非授之以鱼就是这个道理。这就是现代教学观所提倡的教学方式的特点。这就要求教师在教学方法和方式结构上不断地加以改革，以提高课堂教学效果和学生的数学素质为目标。让学生掌握一定的数学知识是非常必要的，但是更重要的是要让学生学会如何去学习数学知识以及如何应用数学知识解决实际问题。这样才能更好地体现出小学数学教学的目的和意义所在。

（五）突出学习力

在当今的教育环境中，小学数学教育正逐渐转向一种以突出学习力为核心的教育理念。学习力，作为一种综合能力和素质的体现，主要包括学习动力、学习毅力、学习能力和学习创造力四个要素。这种教育理念强调的是培养学生的学习能力，而非仅仅关注学生掌握知识的多少以及考试分数的高低。

（1）学习动力是推动学生主动学习的原动力。教师在学本教育理念下会通过各种方式激发学生的兴趣和好奇心，鼓励他们主动探索、积极思考，从而培养他们的学习动力。

（2）学习毅力则是指学生在学习过程中坚持不懈、克服困难的精神。教师会通过多种方式培养学生的毅力，如鼓励他们面对挫折时保持乐观的态度，引导他们学会自我调节，从而更好地适应学习的变化和挑战。

（3）学习能力是指学生掌握和运用知识的能力。教师会注重培养学生的独立思考能力、批判性思维以及解决问题的能力，帮助他们建立良好的学习习惯和方法。

（4）学习创造力则是指学生在学习过程中能够灵活运用所学知识，创造出新的知识或解决问题的方法。教师会鼓励学生发挥想象力，培养他们的创新意识和创新能力，从而让他们在面对新问题时能够灵活应对。

（六）突出发展力

在当今，发展力已成为一个备受关注的概念。发展力是指一个人的综合发展能力，是基于学习力的持续积累而发展生成的能力，是学习力发展良性循环的必然结果。

学习力是发展力的基础，但学习力并不等于发展力。小学数学学本教育理念正是以此为出发点，强调突出发展力在教育过程中的重要性。学习力是人们学习、吸收新知识的能力，包括认知、理解、运用新知识的速度，以及在此基础上持续学习和自我更新的潜力。发展力则是指一个人在综合能力的驱动下，能够有效地实现自我成长和发展的能力。发展力的形成和发展，需要在学习力的基础上进行创造性运用，并以此来谋划和实现自己的未来发展目标。

在小学数学学本教育理念中，突出发展力的特点主要体现在以下两个方面：

（1）强调自主学习和探究：学本教育理念鼓励学生主动探索、自主学习，培养他们的独立思考能力和问题解决能力。这种教育方式有助于学生在学习过程中积累学习力，并在此基础上形成自己的发展力。

（2）注重实践和应用：学本教育理念注重将理论知识与实践相结合，鼓励学生将所学知识运用到实际生活中。这种教育方式有助于学生在实践中锻炼自己的发展力，将学习力转化为实际能力。

学习力是个人成长和发展的基础，但仅有学习力并不足以保证一个人能够实现良好的发展。发展力需要将学习力进行创造性运用。

当一个学生善于学习并且学习成绩出众时，教师通常会说他具有很好的学习力。然而，仅有学习力并不能够说明他具有很好的发展力。只有当他能够将这种学习力用来谋划和实现自己的成长，即能够并善于运用学习力来为自己将来的奋斗目标服务时，这才是真正的发展力。

从这个角度来看，发展力实际上是学习力的创造性运用。只有那些能够将学习力转化为实际能力，并以此为基础规划自己的未来发展，最终实现自己目标的人，才真正具备了发展力。小学数学学本教育理念的核心特点就在于它不仅注重学习力的培养，更强调发展力的提升，注重培养学生在学习过程中的主动性和创造性，使他们能够将学习力转化为实际能力，为未来的发展打下坚实的基础。

四、小学数学学本教育理念的实践意义

（一）激发学生的学习兴趣和动力

学本教育理念强调学生的兴趣和需求。教师可以通过创设与学生生活密切相关的数学情境，引导学生发现生活中的数学问题，从而激发学生的学习兴趣和动力。同时，教师还可以根据学生的个体差异，设计不同层次的数学任务，让每个学生都能在适合自己的难度上挑战自我，获得成功的喜悦。

（二）培养学生的自主学习能力和探究精神

学本教育理念倡导学生自主学习和探究。教师在小学数学教学中可以通过提供丰富的数学资源和工具，引导学生自主学习数学知识，探究数学规律。例如，教师可以组织学生进行数学实验、数学游戏等活动，让学生在动手实践中体验数学的乐趣和价值，培养学生的自主学习能力和探究精神。

（三）提高学生的数学素养和创新能力

学本教育理念注重培养学生的数学素养和创新能力。教师在小学数学教学中可以通过引导学生观察、分析、归纳、推理等数学活动，培养学生的数学思维能力和解决问题的能力。同时，教师还可以鼓励学生提出自己的数学猜想和假设，引导学生通过数学实验和探究来验证猜想和假设的正确性，培养学生的创新能力和实践能力。

（四）促进师生之间的良好互动和沟通

学本教育理念强调师生之间的良好互动和沟通。教师在小学数学教学中可以通过设计开放性的数学问题、组织数学讨论等活动，引导学生表达自己的观点和想法，与教师进行深入的交流和互动。这种互动和沟通不仅有助于教师了解学生的学习情况和需求，还有助于学生更好地理解数学知识、掌握数学方法、提高数学能力。

五、小学数学学本教育理念的前沿性

（一）因应时代发展

在当今快速变化的时代，教育理念也在不断地发展和更新。小学数学学本教育理念作为一种新兴的教育理念，它因应了时代的发展需求，为数学教育注入了新的活力。这一理念强调以学生为中心，注重学生的主动参与和探究，让学生在实践中学习数学。

随着信息技术的飞速发展，小学数学学本教育理念也积极利用现代科技手段，如多媒体教学、在线学习平台等，为学生提供更加丰富多样的学习资源和学习方式。这不仅提高了学生的学习兴趣和积极性，也有效提升了学生的学习效果。

（二）适应终身学习

小学数学学本教育理念强调培养学生的终身学习能力。它不仅仅关注学生的短期学习成绩，更注重学生长远的学习发展和适应社会的能力。教师在数学教学中会引导学生发现问题、提出问题、解决问题，培养学生的探究精神和创新能力。

同时，小学数学学本教育理念也注重培养学生的自主学习能力。教师会教授学生有效的学习方法和策略，鼓励学生自主思考、自主学习、自主评价。这样，学生在未来的学习和生活中，就能更加自信地面对各种挑战，实现终身学习。

（三）顺应教改趋势

当前，教育改革正在全球范围内如火如荼地进行。小学数学学本教育理念顺应了这一趋势，为数学教育改革提供了新的思路和方法。它强调数学教育的实践性和应用性，注重培养学生的数学素养和解决问题的能力。

在小学数学学本教育理念的指导下，数学教学不再是单一的传授知识的过程，而是成为一个师生互动、共同探究的过程。教师会根据学生的实际情况和学习需求，灵活调整教学内容和方法，让学生享受数学的乐趣。

此外，小学数学学本教育理念还注重培养学生的合作精神和团队意识。教师在数学教学中会组织学生进行小组合作学习，让学生在相互合作中共同进步，实现个人与团队的和谐发展。

第二节　深度教学理念

一、深度教学理念概述

（一）深度教学理念的概念

深度教学的核心理念在于"深度"二字。这里的"深度"不仅指知识的深度，更指思维的深度、方法的深度以及学生情感体验的深度。它要求教师在传授知识的同时，更加注重培养学生的数学思维能力、解决问题的能力以及数学学习的兴趣和热情。

（二）深度教学理念的具体内涵

在教学中，深度教学理念是一种追求知识内在价值、学生思维发展和情感体验的综合性教育理念。它不仅仅满足于表面的知识传授，更关注于知识的深度挖掘、思维的深度训练、方法的深度应用以及情感的深度体验。下面将从这四个方

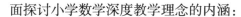

面探讨小学数学深度教学理念的内涵：

1. 知识的深度挖掘

知识的深度挖掘意味着教师不仅要教授学生基本的知识，还要引导他们理解这些知识的本质和内在逻辑。例如，在学习加减法时，教师不仅要让学生掌握基本的计算方法，还要引导他们理解加减法的实际意义，如"增加"和"减少"的概念，以及它们在实际生活中的应用。通过深度挖掘，学生能够更好地理解数学知识的本质，形成更加扎实的知识基础。

2. 思维的深度训练

深度教学理念强调对学生思维能力的训练。教师可以通过设计具有挑战性的问题，引导学生进行深入思考，培养他们的逻辑思维能力、空间想象能力和问题解决能力。例如，教师可以设计一些需要运用多种数学知识和方法才能解决的问题，让学生在解决问题的过程中锻炼自己的思维能力。同时，教师还可以鼓励学生提出自己的问题和假设，培养他们的批判性思维和创新能力。

3. 方法的深度应用

方法的深度应用是指教师要引导学生掌握多种解题方法，并能在实际问题中灵活运用。教师不仅要教授学生基本的解题方法，还要引导他们理解各种方法的适用范围和优缺点，培养他们的选择能力和应用能力。例如，在学习乘法时，教师可以教授学生多种方法，如竖式乘法、分解因式乘法等，并引导他们根据题目的实际情况选择最适合的方法。通过方法的深度应用，学生能够更加灵活地运用数学知识解决实际问题。

4. 情感的深度体验

深度教学理念还强调对学生情感体验的关注。教师可以通过创设有趣的数学情境、设计富有挑战性的数学问题等方式，激发学生的学习兴趣和探究欲望。同时，教师还要关注学生的情感体验，及时给予他们鼓励和支持，帮助他们建立自信心和成就感。通过情感的深度体验，学生能够更加积极地参与数学学习活动，形成对数学学习的持久兴趣。

（三）深度教学的"深度"体现

深度教学的"深度"体现在对知识的深度理解和应用上，包括以下几个方面：

1. 完整深刻地处理知识

深度教学要求教师在教学过程中，不仅要传授给学生知识，更要引导学生深入理解知识的本质和内在逻辑。教师可以通过案例分析、问题探究等方式，帮助学生将零散的知识点串联起来。同时，教师还要引导学生思考知识的价值和意义，培养学生的批判性思维和创新能力。

2. 增强教学的文化敏感性

深度教学强调在教学过程中融入文化元素，增强学生的文化敏感性。教师可以通过引入文化案例、开展文化体验活动等方式，帮助学生了解不同文化的特点和差异，培养学生的跨文化交流能力和全球视野。这样不仅可以丰富学生的学习经历，还可以增强学生的文化自信和民族自豪感。

3. 丰富学习经历，提升学习的自我感

深度教学注重学生的学习体验和自我感受。教师可以通过组织实践活动、开展课题研究等方式，为学生提供多样化的学习机会和平台。让学生在实践中感受知识的力量和价值，提升学习的自我感和获得感。同时，教师还要关注学生的情感需求和心理变化，及时给予关爱和支持，帮助学生建立积极的学习态度和情感体验。

4. 转变教学范式，强调学生的主体性

深度教学要求转变传统的教学范式，从以教师为中心转变为以学生为中心。教师在教学过程中要充分尊重学生的主体地位和个性差异，激发学生的学习兴趣和潜能。同时，教师还要注重培养学生的自主学习能力、合作能力和探究能力，使学生成为知识的主动建构者和创造者。

5. 转变学生获取知识的方式

深度教学利用智能技术支撑学生实现更深层次的认知投入，从关注基础知识与基本技能拓展为关注基础知识、基本技能、基本思想和基本活动经验，以及发现、提出、分析和解决问题的能力。这意味着教师要利用智能技术将知识放在真实的问题情境中，通过精心设计的问题、资源、活动和评价，引导学生在解决问题的过程中达成对知识的深刻理解。

6. 达成高层次的教学目标

深度教学的核心特征是让学生在理解知识的基础上深度体验和参与学习过程，实现运用信息技术的技能、解决实际问题的技能以及跟他人协作的社会性技能的增长。这包括使学生对知识形成深刻的理解，以及使学生的认知结构发生变化，形成专家知识的认知组块。

7. 内部过程是高阶思维

深度教学的内部过程涉及高阶思维，即学生在教师的引领下，围绕着具有挑战性的学习主题，全身心积极参与、体验成功、获得发展的有意义的学习过程。这强调了学生在课堂中的主体地位，促进学生认知、思维、情感、意志和价值观的深度参与。

（四）深度教学的特征

1. 高层次

深度教学的"高层次"特征体现在其教学目标和教学内容上。它不仅仅满足于让学生掌握基础知识和技能，更追求学生对知识的深入理解和灵活运用。教师在深度教学中会引导学生对知识进行深度挖掘，发现知识背后的规律和联系，从而培养学生的高阶思维能力。同时，深度教学还会根据学生的个性特点和兴趣爱好，为他们量身定制学习内容，满足不同层次学生的学习需求。

2. 整体性

深度教学的"整体性"特征体现在其教学设计和实施上。它强调知识的整体性和系统性，注重知识的横向联系和纵向贯通。教师在深度教学中会打破学科壁垒，将不同学科的知识进行有机融合，帮助学生构建完整的知识体系。同时，深度教学还会关注学生的全面发展，注重培养学生的综合素质和能力，包括语言表达能力、团队协作能力、创新能力等。

3. 意义关联

深度教学的"意义关联"特征体现在其教学过程和教学方法上。它强调知识与现实生活的紧密联系，注重引导学生将所学知识应用于实际情境中，解决实际问题。教师在深度教学中会采用多种教学方法和手段，如案例教学、项目式学习等。同时，深度教学还会关注学生的情感体验和价值观培养，让学生在学习过程中感受到知识的价值和意义。

4. 社会性

深度教学的"社会性"特征体现在其教学目标和教学方式上。它强调教育的社会功能和价值，注重培养学生的社会责任感和公民意识。教师在深度教学中会引导学生关注社会热点和现实问题，培养他们的社会洞察力和批判性思维。同时，深度教学还会鼓励学生参与社会实践活动和志愿服务活动，让他们在实践中体验社会、了解社会、服务社会。

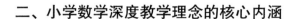

二、小学数学深度教学理念的核心内涵

小学数学深度教学理念是一种以学生为中心的教学理念，它突破了传统教学中"填鸭式"的教学方式，更加关注学生对数学知识的深度理解和应用能力。在这种教学理念下，教师不再是知识的简单传递者，而是学生学习的引导者和促进者。小学数学深度教学理念注重培养学生的数学思维能力和解决问题的能力，让学生在探索中学习，在思考中成长。

三、小学数学深度教学理念的多维度特征

（一）理解性教学

理解性教学是小学数学深度教学理念的首要特征。它强调教师不仅要传授数学知识，更要引导学生深入理解数学知识的本质和内涵。教师在教学过程中应充分关注学生的前概念和认知结构，根据学生的实际情况设计教学策略和方法。通过问题导向的教学策略，教师可以将学生置于复杂的、有意义的问题情境中，引导学生通过问题解决来学习隐含于问题背后的知识，从而实现对知识的深度理解。

（二）反思式教学

反思式教学是小学数学深度教学理念的重要组成部分。它要求学生不仅要在学习过程中进行反思，还要在反思中不断改进自己的学习方法和策略。教师在教学过程中应鼓励学生对自己的学习过程进行反思，总结学习经验和方法，发现学习中存在的问题和不足，并提出改进方案。通过反思式教学，学生可以更加深入地理解数学知识，提高学习效率和质量，形成自主学习的能力。

（三）体悟式教学

体悟式教学是小学数学深度教学理念的一种创新实践。它强调学生要通过亲身体验和感悟来学习数学知识，将数学知识与实际生活相联系，实现知识的内化。教师在教学过程中应注重创设与现实生活紧密联系的教学情境，让学生在情境中体验和感悟数学知识的应用价值。同时，教师还应鼓励学生多动手、多实践，通过实际操作来加深对数学知识的理解和记忆。体悟式教学不仅可以激发学生的学习兴趣和动力，还可以提高学生的实践能力和创新能力。

（四）交往性学习

交往性学习是小学数学深度教学理念的一种重要形式。它强调学生之间、师

生之间要进行充分的交流和合作，共同构建数学知识体系。教师在教学过程中应鼓励学生积极参与课堂讨论和交流活动，发表自己的观点和想法，与他人进行互动和合作。通过交往性学习，学生可以更好地理解和掌握知识，提高学习效果和质量。同时，交往性学习还可以培养学生的合作意识和团队精神，为未来的学习和生活打下坚实的基础。

（五）高阶思维能力培养

高阶思维能力培养是小学数学深度教学理念的重要目标之一。它要求学生不仅要掌握基本的计算技能和数学知识，还要具备创新思维、批判思维、问题解决和决策能力等高阶思维能力。教师在教学过程中应注重培养学生的高阶思维能力，通过提出开放性问题、引导学生进行探究式学习等方式来激发学生的思维活动和创新精神。同时，教师还应鼓励学生多思考、多探索、多实践，通过不断尝试和探索来提高自己的高阶思维能力。

四、小学数学深度教学理念的重要体现

（一）精致的教学设计

精致的教学设计是深度教学的基石。教学设计应该紧扣课程标准，结合学生的实际情况，制订出符合学生认知规律和兴趣爱好的教学方案。精致的教学设计不仅要有明确的教学目标，还要有合理的教学流程，能够引导学生逐步深入，理解数学知识的内在逻辑。此外，教学设计还应注重培养学生的数学思维和解决问题的能力，让学生在掌握数学知识的同时，形成数学思维习惯。

（二）丰富的学习材料

丰富的学习材料是深度教学的有力保障。教师在小学数学教学中应提供多样化的学习材料，包括教材、教具、多媒体资源等。这些材料应贴近学生的生活实际，能够激发学生的学习兴趣和探究欲望。同时，学习材料还应具有层次性和挑战性，能够满足不同学生的学习需求。通过丰富的学习材料，学生可以更加直观地理解数学知识，形成更加深刻的印象。

（三）学生的积极参与

学生的积极参与是深度教学的关键。教师在小学数学教学中应创设宽松、和谐的学习氛围，鼓励学生积极参与课堂活动。教师可以通过提问、讨论、小组合

作等方式，引导学生主动思考、自主探究。同时，教师还应关注学生的个体差异，让每个学生都能在课堂中找到自己的位置，发挥自己的特长。学生的积极参与不仅能够提高他们的学习效果，还能够培养他们的自信心和合作精神。

（四）充分的教学引导

充分的教学引导是深度教学的重要保证。教师在小学数学教学中应发挥主导作用，引导学生逐步深入数学知识的学习。教师可以通过启发式教学、探究式教学等方式，引导学生发现问题、提出问题、解决问题。同时，教师还应及时给予学生指导和帮助，让学生能够顺利地完成学习任务。在教学引导的过程中，教师应注重培养学生的数学思维和解决问题的能力，让学生能够真正掌握数学的核心素养。

五、小学数学深度教学理念的应用原则

（一）以学生为中心，注重个体差异

教师在小学数学深度教学中要以学生为中心，尊重每个学生的个体差异。教师应深入了解学生的数学基础、学习兴趣和学习能力，根据每个学生的实际情况制订个性化的教学计划。同时，教师要鼓励学生主动参与课堂讨论，发表自己的观点，让学生在互动交流中提升数学素养。

（二）强化数学思维训练，培养问题解决能力

深度教学理念强调数学思维训练的重要性。教师在小学数学教学中应注重培养学生的逻辑思维、空间思维、数据分析等能力，使学生能够将数学知识与实际问题相结合，形成解决问题的有效策略。此外，教师还应引导学生学会归纳总结，形成自己的知识体系，为未来的学习打下坚实基础。

（三）创设真实情境，增强学习体验

为了使学生更好地理解和应用数学知识，教师应创设真实的教学情境，让学生在实践中感受数学的魅力。例如，教师可以通过游戏、实验、项目等方式，将抽象的数学知识转化为具体的问题情境，让学生在解决问题的过程中体验数学的乐趣。同时，教师还应关注学生的情感体验，让学生在轻松愉快的氛围中学习数学。

（四）注重知识的内在联系，构建知识网络

小学数学知识之间存在紧密的内在联系。教师在深度教学中应注重揭示这些

联系，帮助学生构建完整的知识网络。教师可以通过梳理知识点、分析知识结构、设计综合性问题等方式，引导学生发现数学知识之间的联系和规律，形成系统化的知识体系。这样，学生在掌握数学知识的同时，也能更好地理解和应用这些知识。

（五）关注评价反馈，促进持续改进

评价反馈是小学数学深度教学中不可或缺的一环。教师应关注学生的学习过程和结果，及时给予评价和指导。评价应具有针对性、具体性和建设性，能够帮助学生了解自己的优点和不足，明确改进方向。同时，教师还应关注学生的学习动态，及时调整教学策略和方法，促进教学的持续改进。

六、小学数学深度教学理念的实践意义

（一）促进学生的全面发展

深度教学理念注重学生的全面发展，不仅要求学生掌握基本的数学知识和技能，还要求学生能够理解数学的本质和规律，掌握数学的思想和方法。通过引导学生深入思考、探究和实践，可以帮助学生建立数学思维模型，培养数学素养，提高学生的综合素质。

（二）激发学生的学习兴趣和主动性

深度教学理念强调学生的主体性和参与性，注重激发学生的学习兴趣和主动性。教师在小学数学教学中可以通过创设问题情境、设计实践活动等方式，引导学生积极参与数学学习，让学生在探究和实践中体验数学的魅力和价值。同时，教师还可以根据学生的兴趣和特点，设计个性化的学习方案，满足学生的不同需求，激发学生的学习热情。

（三）提高学生的学习效果

深度教学理念注重学生对知识的深入理解和应用，强调知识的内在联系和整体性。通过引导学生探究数学的本质和规律，可以帮助学生建立完整的知识体系，提高学习效果。同时，深度教学理念还注重学生的问题解决能力，通过让学生解决实际问题，可以帮助学生将数学知识与现实生活相联系，提高知识的实用性和有效性。

（四）推动教师的专业成长

深度教学理念的实施需要教师的专业引领和指导。教师在小学数学教学中需

要不断更新教学理念和方法，提高自身的教学水平和能力。教师通过深入研究和实践深度教学理念可以更好地理解学生的需求和特点，更好地设计教学方案和组织教学活动。同时，教师还可以将深度教学理念与自身的教学经验相结合，形成具有个人特色的教学风格，推动自身的专业成长。

（五）适应未来社会的发展需求

随着科技的快速发展和社会的进步，未来社会对人才的需求也越来越高。深度教学理念强调培养学生的创新思维和实践能力，这与未来社会的发展需求相契合。在小学数学教学中实施深度教学理念可以帮助学生建立数学思维模型并培养创新思维和实践能力。

七、小学数学深度教学理念的前沿性

（一）注重数学思维能力的培养

小学数学深度教学理念注重数学思维能力的培养，认为数学思维是数学学习的核心。教师在教学过程中应该注重培养学生的逻辑思维、创造思维和解决问题的能力，通过设计富有启发性的数学问题，引导学生进行思考和探索。这种教学理念有利于提高学生的数学素养和综合素质，为学生的未来发展奠定坚实的基础。

（二）强调数学与生活的联系

小学数学深度教学理念强调数学与生活的联系，认为数学是一门与生活密切相关的学科。教师在教学过程中应该注重将数学知识与实际生活相结合，通过设计与学生生活经验相关的数学问题，让学生在实践中感受数学的魅力和价值。这种教学理念有利于培养学生的实践能力和创新精神，提高学生的学习兴趣和动力。

（三）倡导多元化的教学方式

小学数学深度教学理念倡导多元化的教学方式，认为不同的学生有不同的学习方式和需求。教师在教学过程中应该灵活运用多种教学方式和手段，如小组合作、探究式学习、项目式学习等，以满足学生的不同需求并提高学生的学习效果。这种教学理念有利于培养学生的合作精神和团队协作能力。

第三节 STEAM 教学理念

一、STEAM 教学理念的内涵

在当今日新月异的科技时代，传统的教育模式已经无法满足社会对综合性人才的需求。STEAM 教学理念应运而生，它以科学（Science）、技术（Technology）、工程（Engineering）、艺术（Arts）和数学（Mathematics）为核心，倡导跨学科的学习，旨在培养学生的创新思维和解决问题的能力。

STEAM 教育不仅仅是五个学科的简单叠加，而是强调它们之间的内在联系和相互融合。科学提供了探索自然世界的基础知识和方法；技术则关注于工具、设备和系统的应用与创新；工程则强调设计、构建和解决问题的过程；艺术则培养了学生的审美能力和创造力；数学则是这些学科中不可或缺的工具和桥梁。通过这五个领域的综合学习，学生能够在实践中发现问题、分析问题、解决问题，形成系统性的思维和创新能力。

这一教育理念强调跨学科的学习，通过课程设计将各领域知识进行整合，增强学科之间的互相联系，展现学生多学科知识的运用能力。STEAM 教育鼓励学生通过实践获取知识，打破传统的"教"与"学"单一死板的模式，激发学生的学习主动性和创新思维。它提倡在真实的问题情境中融合知识、技能来解决问题和完成任务，从而培养学生的创新思维及解决问题能力。此外，STEAM 教育还强调在实践过程中学习的理念，让学生在日常的探索操作过程中发现问题，并通过自己或小组合作的方式来解决问题，培养学生利用课堂中所学的知识来解决实际问题的能力。

二、STEAM 教学理念的特征

（一）知识与真实事件的关联

STEAM 教育非常重视将学习到的知识与真实世界的事件发生关联。传统的教育模式往往侧重于理论知识的灌输，而忽视了知识的实际应用。而 STEAM 教育则通过引导学生关注身边的问题，将所学知识与现实生活紧密相连。例如，在学习物理力学时，学生可以通过设计并制作一个小型桥梁模型，来理解和应用力学原理。这种学习方式不仅让学生感受到知识的实用性，也激发了他们的学习兴趣和动力。

（二）知识的串联与应用转化

STEAM 教育强调将不同学科的知识进行串联，通过知识迁移和应用转化，将所学知识以具体的形式展现出来。这种学习方式打破了学科之间的壁垒，让学生能够在不同学科之间自由穿梭，发现它们之间的联系和共通点。同时，学生也需要将所学知识进行应用转化，通过实践来检验和巩固所学内容。这种转化可以是一个工程作品、一幅画或一个搭建模型等，最终成果的形式并不重要，重要的是学生对所有相关知识的联结和整合能力。

（三）深度理解与高阶思维能力的培养

通过 STEAM 教育，学生不仅能够获得知识，更能够进行深入的理解和思考。学生在解决问题的过程中需要自主探究、整理知识，这种高阶思维能力的训练是 STEAM 教育的核心价值所在。与传统的"填鸭式"教学相比，STEAM 教育更注重学生的主动性和创造性，鼓励学生提出自己的见解和解决方案。这种教育方式不仅能够培养学生的批判性思维和创新能力，还能够提高他们解决问题的能力和团队合作能力。

三、STEAM 教学理念对小学数学教学的启示

（一）跨学科融合，丰富教学内容

小学数学教学中，可以引入科学、技术、工程和艺术的元素，使数学内容更加丰富有趣。例如，在学习几何图形时可以结合工程设计的概念，让学生设计并制作具有特定功能的建筑模型；在学习数据分析时，可以引入科学实验的数据，让学生运用数学知识进行分析和解释。这样的教学方式不仅可以激发学生的学习兴趣，还可以帮助学生建立跨学科的知识体系。

（二）项目式学习，培养实践能力

STEAM 教学理念注重学生的实践能力培养。在小学数学教学中可以采用项目式学习的方式，让学生在实际操作中学习和运用数学知识。例如，教师可以设计一个与现实生活紧密相关的数学问题，让学生组成小组进行调查、分析和解决。这样的教学方式不仅可以让学生亲身体验数学知识的应用过程，还可以培养学生的团队协作能力和问题解决能力。

（三）创新思维，拓展学习空间

STEAM 教学理念强调创新思维的培养。在小学数学教学中可以引导学生从多个角度思考问题，鼓励他们提出自己的见解和解决方案。同时，还可以引入一些开放性的数学问题，让学生自主探索和发现规律。这样的教学方式可以拓展学生的学习空间，培养他们的创新思维和批判性思维能力。

（四）多元化评价，关注个体差异

STEAM 教学理念倡导多元化评价，关注学生的个体差异。在小学数学教学中可以采用多种评价方式，如作品展示、口头报告、小组讨论等，以全面了解学生的学习情况和发展潜力。同时，还要关注学生在学习过程中的表现和努力程度，给予他们及时的反馈和鼓励。这样的评价方式可以更加全面地反映学生的学习成果和发展情况，有助于激发他们的学习积极性和自信心。

四、小学数学 STEAM 教学理念的应用原则

STEAM 教学理念逐渐受到广大教育工作者的关注。在小学数学教学中应用STEAM 教学理念不仅可以提高学生的学科兴趣，还能培养学生的创新思维和问题解决能力。以下是关于小学数学中 STEAM 教学理念应用的一些原则：

（一）跨学科整合原则

STEAM 教学的核心在于跨学科整合。教师在小学数学教学中应将数学与其他学科如科学、技术、工程和艺术等相结合，通过综合性的教学活动，让学生在解决实际问题的过程中掌握数学知识。例如，在学习图形与空间时，教师可以引入建筑设计的知识，让学生利用所学知识设计一个小型建筑模型，这样既能巩固数学知识，又能培养学生的空间感和创新思维。

（二）实践导向原则

STEAM 教学强调实践的重要性。教师在小学数学教学中应注重将理论知识与实践活动相结合，让学生在实践中体验数学的魅力。例如，在学习统计与概率时，教师可以组织学生进行一次小型的调查活动，如调查班级同学的身高、体重等数据，并引导学生运用统计方法对数据进行分析和处理。这样的实践活动不仅能激发学生的学习兴趣，还能提高他们的数据分析能力。

（三）问题解决原则

STEAM 教学以问题解决为导向。教师在小学数学教学中应设置具有挑战性和实际性的问题，引导学生运用所学知识进行思考和探索。例如，教师在学习比例与百分数时，可以设计一个与购物折扣相关的问题情境，让学生思考如何计算折扣后的价格以及如何选择最优惠的购物方案。这样的问题解决过程能够培养学生的逻辑思维能力和问题解决能力。

（四）个性化发展原则

每个学生在学习过程中的需求和兴趣各不相同。在小学数学教学中应用STEAM 教学理念时，教师应关注学生的个性化发展，尊重他们的兴趣和特长，并为他们提供多样化的学习资源和活动选择。例如，教师可以为学生提供不同的数学游戏和实验项目，让他们根据自己的兴趣和能力进行选择和学习。这样的教学方式能够满足学生的个性化需求，激发他们的学习动力。

（五）合作与交流原则

STEAM 教学注重合作与交流。教师在小学数学教学中应鼓励学生之间进行合作与交流，共同解决问题并分享经验。例如，教师在进行数学项目学习时，可以组织学生进行小组合作，让他们共同制订计划、分工合作并相互支持。这样的合作与交流过程能够培养学生的团队协作能力和沟通能力。

（六）评价与反馈原则

评价是教学过程中的重要环节。教师在小学数学教学中应用 STEAM 教学理念时应建立多元化的评价体系，关注学生的学习过程和发展变化。同时，教师应及时给予学生反馈和指导，帮助他们发现问题并改进学习方法。这样的评价与反馈过程能够激发学生的学习动力并促进他们的全面发展。

五、小学数学 STEAM 教学理念的实践意义

（一）培养学生的综合素质

STEAM 教学理念的引入，使得小学数学教学不再局限于传统的数学知识传授，而是更加注重学生的综合素质培养。学生在数学学习中不仅要掌握基本的数学知识，还要学会将这些知识应用到实际问题中去。通过 STEAM 教学理念，学

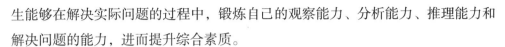

生能够在解决实际问题的过程中，锻炼自己的观察能力、分析能力、推理能力和解决问题的能力，进而提升综合素质。

例如，教师在教授"几何图形"这一章节时，教师可以设计一个"搭建稳固的桥梁"项目。学生需要运用所学的几何知识，选择合适的材料和方法，设计并搭建一座能够承受一定重量的桥梁。学生不仅要考虑桥梁的结构稳定性，还要考虑材料的重量、强度等因素。通过这样的项目实践，学生能够在动手操作中巩固数学知识，同时提升自己的综合素质。

（二）激发学生的创新潜能

STEAM 教学强调跨学科整合和问题解决能力的培养，这为学生提供了广阔的创新空间。教师在小学数学教学中可以通过设计富有挑战性的 STEAM 项目，激发学生的创新潜能。这些项目往往没有固定的答案和解决方案，需要学生发挥自己的想象力和创造力，寻找新的思路和方法。

例如，教师在教授"数据分析"这一章节时，教师可以设计一个"调查校园内最受欢迎的活动"项目。学生需要自行设计调查问卷、收集数据、分析数据并得出结论。学生在这个过程中可能会发现一些意想不到的结果或问题，进而产生新的想法和解决方案。学生通过这样的项目实践能够在解决问题的过程中锻炼自己的创新思维和创新能力。

（三）增强学生的团队协作能力

STEAM 教学通常采用小组合作的方式进行项目实践，这为学生提供了锻炼团队协作能力的机会。在小组中，每个学生都需要发挥自己的特长和优势，与其他成员共同完成任务。通过协作和交流，学生可以学会倾听他人的意见、尊重他人的观点、分享自己的成果和经验。

例如，教师在教授"比例和百分比"这一章节时，教师可以设计一个"策划校园义卖活动"项目。学生需要分组策划一场义卖活动，包括确定义卖物品、制定价格、设计宣传海报、安排摊位等。每个学生都需要承担一定的责任和任务，并与其他成员紧密合作。学生通过这样的项目实践能够在完成任务的过程中增强自己的团队协作能力。

六、小学数学 STEAM 教学理念的前沿性

（一）跨学科融合，拓宽学习视野

传统的小学数学教学往往局限于数学学科本身，而 STEAM 教学理念则打破了这一局限，将数学与其他学科进行有机融合。例如，教师在教授几何图形时，可以引入建筑设计、艺术创作等工程和艺术元素。这种跨学科的教学方式能够拓宽学生的学习视野，提高他们的综合素养。

（二）实践性教学，增强学习体验

STEAM 教学理念注重实践性教学，强调让学生在实践中学习和成长。教师在小学数学教学中可以设计一系列具有趣味性和挑战性的实践活动，如数学建模、数学游戏等，让学生在参与中感受数学的乐趣和价值。这种实践性教学方式能够增强学生的学习体验，提高他们的学习兴趣和动力。

（三）创新思维培养，提升解决问题能力

STEAM 教学理念鼓励学生发挥创新思维，通过自主探究和合作学习解决问题。教师在小学数学教学中可以引导学生从多个角度思考问题，尝试用不同的方法解决问题。同时，教师还可以鼓励学生进行团队合作，共同探究问题的解决方案。这种创新思维培养的方式能够提升学生解决问题的能力，为他们的未来发展打下坚实的基础。

第四节　对话教学理念

一、对话教学理念的内涵

对话教学理念作为一种新兴的教学方式，逐渐受到广大教育者和研究者的关注。对话教学不仅强调师生之间的平等交流，更注重在教学过程中激发学生的主动性和创造性，从而构建一种人性化和创造性的新式教学思维和理念。

（一）对话教学的核心理念

对话教学理念的核心在于"对话"。这里的"对话"并非简单的言语交流，而是指在教学过程中，师生之间、生生之间通过平等、开放的交流，共同探讨、

解决问题，实现知识的共享和创新的过程。这种教学方式强调学生的主体地位，鼓励学生积极参与课堂，发表自己的观点和见解，从而培养学生的批判性思维和创新能力。

（二）对话教学的人性化特点

1. 尊重个体差异

对话教学尊重每个学生的个体差异，关注学生的个性发展和需求，为学生提供多样化的学习方式和资源，使每个学生都能在教学过程中得到成长和进步。

2. 强调平等交流

在对话教学中，教师和学生之间建立了一种平等、民主的关系。教师不再是知识的灌输者，而是学生学习的引导者和合作伙伴。学生可以在课堂上自由表达自己的想法和感受，与教师和其他同学进行深入的交流和讨论。

3. 关注情感体验

对话教学注重学生的情感体验，通过营造轻松、愉快的课堂氛围，激发学生的学习兴趣和动力。教师在教学过程中关注学生的情感变化，及时给予鼓励和支持，帮助学生建立自信心并培养积极的学习态度。

（三）对话教学的创造性特点

1. 鼓励创新思维

对话教学鼓励学生进行创新思维和发散性思维，通过提出问题、探讨问题、解决问题等过程，培养学生的创新能力和解决问题的能力。教师在对话教学中鼓励学生敢于质疑、敢于尝试、敢于创新，为学生提供一个自由、开放的学习空间。

2. 倡导合作学习

对话教学倡导学生之间的合作学习，通过小组合作、角色扮演、辩论等形式，培养学生的团队协作能力和沟通能力。学生在合作学习中可以相互学习、相互帮助、共同进步，实现知识的共享和创新。

3. 注重实践应用

对话教学注重知识的实践应用，通过设计贴近学生生活实际的数学问题，引导学生将所学知识运用到实际生活中去解决问题。这种教学方式不仅有助于巩固学生的知识掌握程度，还能培养学生的实践能力和解决问题的能力。

二、小学数学对话教学理念的内容

（一）师生地位平等

在新课程改革的背景下，小学数学教学的理念发生了深刻的变化。其中，师生关系的平等化成为一个备受关注的议题。对话教学理念作为一种新型的教学方式，其强调师生地位平等、相互尊重，以及师生互为教学主体的特点，为小学数学教学注入了新的活力。

教师在传统的数学教学方法中往往扮演着主导者的角色，控制着课堂的节奏和教学内容。而学生则处于被动接受的位置，缺乏主动思考和表达的机会。这种不平等的师生关系不仅限制了学生的思维发展，也影响了教学效果的提升。

对话教学理念则强调师生地位的平等性。在这种理念下，教师和学生都是教学活动的主体，拥有平等的地位和权利。教师可以引导学生思考、探索，而学生也可以积极表达自己的观点和想法。这种平等的师生关系有助于激发学生的学习兴趣，培养他们的主动性和创造性。

对话教学理念还强调师生之间的相互尊重。尊重是建立良好师生关系的基础，也是实现教学目标的重要保障。教师在对话教学中应该尊重学生的个性差异和思维特点，给予他们充分的关注和支持。同时，学生也应该尊重教师的专业知识和教学经验，虚心听取教师的指导和建议。这种相互尊重的师生关系有助于营造和谐的教学氛围，促进师生之间的有效沟通。

在对话教学理念下，师生互为教学主体。这意味着教师不再是唯一的知识传授者，学生也不再是被动接受者。相反，教师和学生可以共同参与到教学活动中来，共同探索、发现、解决问题。教师可以通过提问、引导、启发等方式激发学生的学习兴趣和探究欲望；学生则可以通过思考、讨论、合作等方式积极参与到教学中来，成为知识的发现者和创造者。这种师生互为教学主体的实践有助于培养学生的自主学习能力和创新精神。

（二）完整人的培养

在当今教育领域，对话教学理念作为一种新兴的教学思想，正逐渐引起教育工作者的广泛关注。特别是在小学数学教育中，对话教学不仅有助于提高学生的数学能力，更在培养完整人的教育目标上发挥着重要作用。完整人的培养，作为教学的根本目的，旨在融合个人本位与社会本位，培养出具有社会性和个性统一的全面发展的人才。

完整人的培养是教育的根本目的，它要求在教育过程中，注重学生的德育、智育、体育、美育和劳动技术教育的全面发展。在小学数学教育中可以通过对话教学理念来实现这一目标。

1. 德育的培养

教师在数学教学中可以通过讨论数学史、数学家的故事等，引导学生了解数学的精神和价值，培养学生的数学情感和道德观念。同时，教师还可以利用数学问题引导学生思考社会问题，培养学生的社会责任感和公民意识。

2. 智育的培养

教师通过对话教学可以引导学生主动探究数学问题。学生在解决数学问题的过程中可以学习到科学的方法和思维方式。

3. 体育的培养

虽然数学看似与体育无关，但实际上，数学思维的培养与体育训练有着异曲同工之妙。教师在数学学习中需要耐心、细心和恒心，这与体育训练中的坚韧不拔、持之以恒的精神相契合。教师可以通过数学游戏、数学竞赛等活动，培养学生的意志品质和体育精神。

4. 美育的培养

数学中蕴含着丰富的美学元素，如对称、比例、和谐等。教师通过对话教学可以引导学生发现数学中的美，培养学生的审美能力和创造美的能力。同时，教师还可以将数学与其他艺术形式相结合，如音乐、绘画等，让学生在欣赏和创造美的过程中，感受到数学的魅力和价值。

5. 劳动技术教育的培养

教师可以结合生活实际，引导学生了解数学在日常生活中的应用，培养学生的实践能力和劳动技能。同时，教师还可以组织学生参与数学实践活动，如测量、统计等，让学生在实践中体验数学的乐趣和价值。

（三）课堂多元共存

对话教学理念的引入为课堂注入了新的活力。这一理念强调课堂多元共存，不仅仅体现在师生对话的广度上，更重要的是要求教师与班级的每一位学生都能平等地展开对话与交流。通过对话，教师能够更深入地了解学生的学习状态和身心发展情况，同时让更多的学生参与到共同的学习目标中来。

在小学数学课堂上，对话教学的核心在于平等与尊重。教师应摒弃传统的"一言堂"模式，与学生建立平等的关系，鼓励学生发表自己的观点和看法。这种平等不仅体现在言语上，更体现在教师对学生个性、情感和思考的尊重上。在这样的环境中，学生能够感受到被重视和被理解，从而更加积极地参与到课堂学习中来。

多元共存是对话教学理念的又一重要特点。这意味着在课堂上，教师应尊重学生的个性差异和多样性，通过不同的方式和手段引导学生参与到学习中来。教师可以通过设置小组合作、角色扮演、讨论辩论等多种形式的课堂活动，让学生有机会展示自己的才能和观点。同时，教师还应关注那些性格内向、不善表达的学生，给予他们更多的鼓励和支持，让他们也能在课堂上找到自己的位置。

在多元共存的互动状态下，学生的注意力能够更加集中于教学内容。这是因为学生不再是被动地接受知识，而是通过与教师的对话和交流，主动地探索和发现知识。这种学习方式能够激发学生的学习兴趣和好奇心，使他们在课堂上保持高度的注意力。同时，对话教学还能够激发学生思维创造力的发展。在对话中，学生需要不断地思考、分析和解决问题，这不仅能够提高他们的逻辑思维能力，还能够培养他们的创新意识和创新能力。

在对话教学过程中，师生都应具备倾听和尊重的素养。教师应认真倾听学生的发言，理解他们的观点和想法，并给予积极的反馈和指导。同时，教师还应尊重每一位学生的发言权，鼓励他们勇敢地表达自己的看法和观点。对于学生来说，他们也应尊重他人的发言和观点，学会倾听和理解他人的想法，并在对话中寻求共识和合作。

（四）教学动态生成

对话教学作为一种重要的教学方法，其核心理念在于通过师生之间的多边互动，实现知识的动态生成与思维的有效碰撞。

教学动态生成是指在教学过程中，因言语与思维的互动交流所呈现出的不断变化和发展的态势。教学动态生成是一种教学过程中的自然现象，它强调的是教学过程的流动性、变化性和创造性。教师在对话教学中不再是知识的唯一传递者，而是成为与学生共同探索知识的伙伴。学生在与教师、同学之间的对话中，通过提问、讨论、交流等方式，不断生成新的知识和理解。这种生成过程不仅体现在知识的积累上，更体现在思维的发展和能力的提升上。

对话教学中教学动态生成的体现如下：

1. 师生言语的交换

师生之间的言语交换在对话教学中是教学动态生成的重要体现。教师通过提问、引导等方式，激发学生的思考，而学生则通过回答、提问等方式表达自己的观点和理解。这种言语的交换不仅促进了师生之间的沟通交流，更为知识的生成提供了有力的支持。

2. 知识观点的流动

知识观点的流动在对话教学中是教学动态生成的又一重要体现。学生在与教师、同学之间的对话中会接触到不同的观点和理解，这些观点和理解在交流中不断碰撞、融合，形成新的知识和理解。这种知识观点的流动不仅丰富了学生的知识体系，更促进了学生思维的活跃和发展。

3. 师生思维的发展变化

师生思维在对话教学中的发展变化是教学动态生成的核心体现。教师和学生在对话过程中都会不断产生新的思考和疑问，这些思考和疑问会促使他们进行更深入的探索和研究。通过这种不断深入的探索和研究，师生的思维能力和创新能力都会得到极大的提升。

三、小学数学对话教学理念的应用原则

（一）平等性原则

平等性原则是实施对话教学的基础。教师在小学数学课堂上应将学生视为平等的对话伙伴，尊重他们的观点和想法。这种平等的对话关系能够让学生感受到自己的价值和被尊重，从而更加积极地参与到学习中来。同时，教师也需要在对话中保持谦虚和开放的态度，倾听学生的声音，理解他们的困惑，共同探索解决问题的方法。

（二）引导性原则

虽然对话教学强调学生的主体性，但教师在其中的引导作用仍然不可或缺。教师在对话过程中应根据学生的认知水平和兴趣点，设计有针对性的问题，引导学生逐步深入思考。同时，教师还要善于捕捉学生对话中的闪光点，及时给予肯定和鼓励，激发学生的自信心和学习动力。

（三）互动性原则

互动性是对话教学的核心特征。教师在小学数学课堂上应积极营造一种宽松、自由的对话氛围，鼓励学生之间、师生之间进行充分的交流和讨论。这种互动不仅包括言语上的交流，还包括思维上的碰撞和情感上的共鸣。学生通过互动可以更加深入地理解数学知识，提高解决问题的能力。

（四）启发性原则

启发性原则要求教师在对话教学中注重培养学生的独立思考能力和创新精神。教师在对话过程中应通过设计富有挑战性的问题、引导学生从不同角度思考问题等方式，激发学生的求知欲和探究欲。同时，教师还要关注学生的个体差异，让每个学生都能在对话教学中得到启发和成长。

（五）实践性原则

实践性原则强调将数学知识与现实生活相结合。在小学数学对话教学中，教师应注重将数学知识应用于实际情境中，让学生在实践中体验数学的魅力和价值。学生通过实践活动可以更加深入地理解数学知识，提高数学素养和解决问题的能力。

（六）反思性原则

反思性原则要求教师在对话教学后进行及时的总结和反思。教师应对对话教学中的成功经验和不足之处进行梳理和分析，思考如何改进教学方法和手段。同时，教师还要引导学生对自己的学习过程进行反思和总结，帮助他们发现自己的不足并制订改进计划。

四、小学数学对话教学理念的实践意义

（一）促进师生关系的和谐

对话教学理念的核心是师生之间的平等交流。教师在小学数学课堂上不再是知识的唯一传递者，更是与学生共同探索、学习的伙伴。这种平等的师生关系能够消除学生的畏惧心理，使他们在课堂上更加放松、自信地表达自己的观点。同时，教师也能更加深入地了解学生的需求和困惑，从而提供更有针对性的指导。

（二）激发学生的数学兴趣

在对话教学方法下，学生不再是被动的知识接受者，而是主动参与到数学学

习中来。通过师生之间的讨论、交流和合作，学生能够在实践中发现问题、解决问题，从而感受到数学的魅力和乐趣。这种主动探索的学习方式能够极大地激发学生的数学兴趣，提高他们的学习动力。

（三）培养学生的数学思维能力

对话教学注重学生的主动思考和探索，要求学生在参与对话的过程中运用数学思维进行逻辑推理、归纳分类和抽象概括。这种教学方法能够帮助学生逐步掌握数学的基本思想和方法，培养他们的数学思维能力。同时，通过师生之间的交流和讨论，学生还能够学会从不同角度看待问题，提高他们的问题解决能力。

（四）提高学生的合作与交流能力

对话教学鼓励学生之间的合作与交流，通过小组合作、课堂讨论等方式让学生在实践中学会如何与他人沟通、协商和合作。这种教学方式不仅能够培养学生的团队协作精神，还能够提高他们的沟通能力和表达能力。在未来的学习和工作中，这些能力将对学生产生深远的影响。

（五）促进数学知识的应用与创新

对话教学强调数学知识的应用和创新，要求学生在掌握基础知识的同时，能够将其运用到实际生活中去解决问题。通过师生之间的对话和讨论，学生能够在实践中不断尝试、探索和创新，发现数学与生活的紧密联系。这种教学方法能够帮助学生更好地理解和运用数学知识，提高他们的实践能力和创新能力。

五、小学数学对话教学理念的前沿性

（一）强调学生的主体地位

学生在小学数学对话教学中不再是被动接受知识的容器，而是成为教学活动的主体。教师通过创设问题情境、引导学生探究等方式，激发学生的学习兴趣和求知欲，让学生主动参与到教学活动中来。这种教学方式不仅有助于提高学生的自主学习能力，还能够培养学生的创新精神和团队协作能力。

（二）提倡平等、民主的教学氛围

教师和学生在对话教学中的关系是平等的、民主的。教师不再是高高在上的权威者，而是成为学生学习过程中的引导者和合作伙伴。学生可以在课堂上自由表达自己的观点和想法。这种平等、民主的教学氛围有助于培养学生的自信心和表达能力，同时也能够增强学生的批判性思维能力。

（三）注重学生的个体差异和全面发展

每个学生都具有不同的学习特点和兴趣爱好。教师在对话教学中需要充分了解每个学生的个体差异，并针对不同学生的需求进行个性化的教学。同时，对话教学也注重学生的全面发展，不仅关注学生的数学知识掌握情况，还关注学生的思维能力、情感态度和价值观等方面的培养。这种教学方式有助于实现学生的全面发展，为学生的未来奠定坚实的基础。

第三章　新视角下的小学数学教学内容呈现

第一节　教学内容设计原则与策略

一、小学数学教学内容设计的重要性

小学数学的教学内容设计不仅影响着学生对数学知识的理解和掌握，而且直接关系到他们能否在实际生活中运用数学思维解决问题。下面将深入探讨教学内容设计对小学数学教学的意义。

（一）激发学生兴趣

一项精心设计的教学内容可以有效地激发学生的学习兴趣。教师通过将抽象的数学概念与实际生活情境相结合可以使学生更好地理解数学，从而激发他们对数学的好奇心和探索欲望。这种积极的学习态度将有助于学生形成对数学的兴趣，进而提高他们的学习效果。

（二）提高教学效率

教学内容的设计直接影响到教学效率。一个清晰、明确的教学内容可以帮助学生快速理解并掌握相关的数学知识，节省了教学时间，从而教师可以有更多的时间进行深入的探讨和发散性的思考，提高学生的思维能力和创新能力。

（三）培养学生数学思维

通过教学内容的设计，学生可以在实际操作中学习数学，从而培养他们的数学思维。这意味着他们能够学会运用数学的视角去观察和思考问题，从而提高他们解决问题的能力。这种能力在未来的学习和生活中都将是宝贵的财富。

（四）促进学生全面发展

教学内容的设计不仅关注知识的传授，更注重学生的全面发展。教师通过设

计多元化的教学活动，如小组讨论、问题解决、实践活动等，可以帮助学生发展他们的团队合作能力、问题解决能力以及创新能力。这些能力的培养将有助于学生在未来的学习和生活中取得成功。

二、小学数学教学内容设计原则

（一）内容与学生实际相结合的原则

教学内容的设计不仅关系到学生能否掌握基本的数学知识和技能，更关系到学生能否将所学知识与实际生活相结合，形成解决实际问题的能力。将小学数学教学内容设计与学生实际相结合，是教育教学中必须遵循的重要原则。

1. 教学内容设计应贴近学生生活

小学数学的教学内容设计应该紧密结合学生的生活实际，让学生在学习过程中能够感受到数学的实用性和趣味性。例如，教师在讲解加减法时可以设计一些与购物、找零等日常生活场景相关的题目，让学生在解决实际问题的过程中掌握数学运算技能。这样的设计不仅能够激发学生的学习兴趣，还能够帮助学生更好地理解数学知识的实际意义。

2. 教学内容设计应符合学生的认知水平

小学生的认知水平有限，他们在学习新知识时往往需要借助已有的经验和知识来构建新的认知结构。教师在设计教学内容时应该充分考虑学生的认知水平，选择适合学生接受和理解的教学内容。同时，教学内容的设计应该具有一定的层次性和梯度性，让学生在逐步深入的学习过程中逐渐掌握新的知识和技能。

3. 教学内容设计应注重培养学生的实践能力

数学是一门需要实践操作的学科，学生在掌握数学知识和技能的同时，还需要具备将所学知识应用于实际问题的能力。教师在设计教学内容时应该注重培养学生的实践能力。教师可以通过设计一些实践性强的教学活动，如数学实验、数学游戏等，让学生在参与活动的过程中亲自动手操作，加深对数学知识的理解和应用能力。

4. 教学内容设计应关注学生的个体差异

每个学生在学习过程中的表现和需求也会有所不同。教师在设计教学内容时应该关注学生的个体差异，尊重每个学生的学习特点和需求。教师可以通过设计多样化的教学内容和教学方式，满足不同学生的学习需求，让每个学生都能够在自己现有的基础上得到发展和提高。

（二）循序渐进、逐步深入的原则

1.循序渐进的教学设计

"循序渐进"原则强调教学内容应按照学生的认知规律和数学知识体系的内在逻辑，由易到难、由浅入深地展开。教师在初始阶段可以先引入简单的数学概念，如数的认识、简单的加减法运算等，让学生建立起对数学的初步认识。随着学生对数学基础知识的掌握，教师可以逐步引入更为复杂的概念和运算方法，如分数的认识、乘除法的运算等。此外，教师在教学内容的设计上还应注重知识的连贯性和系统性。每个知识点都应是前一个知识点的延伸和拓展，而不是孤立的存在。通过这样的设计，学生可以在不断巩固旧知识的基础上，逐步接受新知识。

2.逐步深入的教学实施

"逐步深入"原则要求教师在教学实施过程中，要根据学生的实际情况和反馈，不断调整教学策略和方法，引导学生逐步深入理解和掌握数学知识。

（1）教师可以通过设置具有层次性的问题引导学生逐步深入思考。在问题的设置上，教师可以先从简单的、直观的问题入手，然后逐渐增加问题的难度和复杂度，让学生在解决问题的过程中逐步深化对数学知识的理解。

（2）教师可以通过组织多样化的教学活动，激发学生的学习兴趣和积极性。例如，教师可以利用游戏、竞赛等方式进行数学知识的巩固和拓展；也可以通过小组合作、探究学习等方式，让学生在互相交流和合作中共同进步。

（3）教师还应注重学生的个体差异，针对不同层次的学生采取不同的教学策略和方法。对于基础较好的学生，教师可以引导他们进行更深入的思考和探索；对于基础较薄弱的学生，教师则应给予更多的关注和帮助，确保他们能够跟上教学进度。

"循序渐进、逐步深入"的原则是确保小学数学教学质量的关键。通过遵循这一原则，教师可以更好地设计教学内容和实施教学，帮助学生逐步建立起完整、系统的数学知识体系。同时，这一原则也要求教师要不断关注学生的学习情况和反馈，灵活调整教学策略和方法，以更好地适应学生的需要和发展。

（三）基础知识与技能培养相结合原则

1.基础知识的重要性

小学数学的基础知识是后续学习的基础，包括数的认识、四则运算、分数、小数、百分数、几何图形等基本概念和法则。这些基础知识的牢固掌握，是学生后续学习更高层次数学知识的前提。同时，基础知识也是解决日常生活中数学问题的关键，如购物时的价格计算、时间管理等。

教师在教学内容设计上应该注重基础知识的系统性和完整性，通过生动有趣的教学方式，让学生主动参与到数学学习中来；同时，还应该注重知识的巩固和拓展，通过多样化的练习和实践活动，让学生不断加深对基础知识的理解和记忆。

2. 技能培养的必要性

数学技能是指学生运用数学知识解决实际问题的能力。教师在小学数学教学中应该加强对学生数学技能的培养。学生通过接受技能培养可以更好地理解和运用数学知识，提高数学应用能力和解决问题的能力。

教师在教学内容设计上应该注重数学技能的训练和实践。教师可以通过设计一些与生活实际紧密相关的数学问题，让学生运用所学知识来解决。同时，教师还可以组织一些数学竞赛、数学游戏等活动，让学生在轻松愉快的氛围中提升数学技能。

3. 基础知识与技能培养的结合

在小学数学教学中基础知识与技能培养是相互依存、相互促进的。只有将两者结合起来，才能实现数学教学的最佳效果。一方面，基础知识是技能培养的基础。没有扎实的基础知识，学生很难掌握和运用数学技能。教师在教学内容设计上应该注重基础知识的系统性和完整性，确保学生真正理解和掌握所学知识。另一方面，技能培养是基础知识运用的体现。只有将所学知识运用到实际问题中，才能检验学生对基础知识的掌握程度。同时，通过接受技能培养，学生还可以加深对基础知识的理解和记忆，形成更加牢固的知识体系。

（四）渗透数学思想的原则

小学数学教学内容设计应注重数学思想的渗透。数学思想是数学学科的灵魂和精髓，是培养学生数学素养的重要途径。教师在教学过程中应通过具体的教学案例和实践活动，向学生渗透数学思想，如化归思想、数形结合思想、函数思想等，帮助学生形成正确的数学观念和方法论。

1. 以数学本质为核心，贯穿数学思想的渗透

数学的本质在于其严密的逻辑性和广泛的应用性。在小学数学教学内容设计中，应始终以数学的本质为核心，通过具体的教学内容和教学活动，渗透数学思

想。例如，教师在教授加减法时，可以引导学生理解数的组成和分解，渗透"化归"思想；在教授图形认识时，可以通过观察、比较和分类等活动，渗透"分类"思想。

2. 结合学生实际，注重数学思想的实用性

小学生处于认知发展的关键时期，他们的思维能力和实践经验有限。教师在小学数学教学内容设计中应结合学生的实际情况，注重数学思想的实用性。教师要选择贴近学生生活的教学内容，让学生在实际问题中感受数学思想的魅力。例如，教师在教授比例和百分数时，可以结合购物打折、利率计算等实际问题，让学生体会到比例和百分数的应用价值。

3. 循序渐进，逐步深化数学思想的渗透

数学思想的培养是一个长期的过程，需要循序渐进、逐步深化。教师在小学数学教学内容设计中应根据学生的认知发展规律和数学知识的难易程度，合理安排教学进度和教学内容。在低年级阶段，教师可以通过直观、形象的教学方式，让学生初步了解数学思想；随着年级的升高，可以逐渐增加数学思想的难度和深度，引导学生逐步深化对数学思想的理解和应用。

三、小学数学教学内容设计的策略

小学数学作为基础学科，对于培养学生的逻辑思维、空间想象力和数学运算能力具有举足轻重的作用。为了使学生能够更好地掌握数学知识，教师需要精心设计教学内容，采取有效的教学策略。下面将从以下六个方面探讨小学数学教学内容设计的策略。

（一）明确教学目标，以学生为中心

教师在设计小学数学教学内容时应首先明确教学目标，即希望学生通过学习达到什么水平。同时，教师应以学生为中心，充分考虑学生的年龄、认知水平和兴趣爱好，确保教学内容符合学生的实际需求。

（二）结合生活实例，激发兴趣

数学与生活密切相关，教师可以通过结合生活实例来设计教学内容，使学生更容易理解和接受。例如，教师在教授分数时，可以通过切分水果、分配零食等生活场景来引导学生理解分数的概念和运算方法。这样不仅可以激发学生的学习

兴趣，还能使他们更好地运用数学知识解决实际问题。

（三）采用多样化教学方法，提高教学效果

教师在教学过程中应采用多样化的教学方法，如讲解、演示、探究、游戏等，以激发学生的学习兴趣和积极性。同时，教师应注重培养学生的自主学习能力，引导他们主动思考、探索和发现数学规律。此外，教师还可以利用多媒体技术辅助教学，使教学内容更加生动、直观。

（四）注重基础知识与技能的培养

小学数学教学内容设计应注重基础知识与技能的培养。教师应确保学生掌握基本的数学概念、运算方法和思维方法，为后续学习打下坚实的基础。同时，教师还应针对不同层次的学生设计不同层次的教学内容，以满足他们的学习需求。

（五）加强数学与其他学科的融合

数学作为一门基础学科，与其他学科有着密切的联系。教师在设计小学数学教学内容时应注重数学与其他学科的融合，如语文、科学、艺术等。跨学科的教学设计，可以使学生更好地理解数学知识的应用和价值，提高他们的综合素质。

（六）及时反馈与调整教学内容

教师在教学过程中应及时反馈学生的学习情况，了解他们的掌握程度和存在的问题。教师根据反馈结果可以及时调整教学内容和教学方法，以满足学生的学习需求。同时，教师还应鼓励学生自我评价和互相评价，培养他们的自主学习和合作学习能力。

第二节　具体课程的教学内容设计

一、小学数学具体课程的构成

小学数学是学生学习数学的起点，是他们建立数学基础知识和培养数学思维能力的重要阶段。小学数学课程的内容丰富多样，涉及数与代数、几何与图形、统计与概率等多个方面。下面笔者将详细探讨小学数学具体课程的构成。

（一）数与代数

数与代数是小学数学课程的核心内容之一。它主要包括数的认识、数的运算、常见的量、式与方程、正反比例和探索规律等。

1. 数的认识

学生需要学习整数、小数、分数的读写方法，理解它们之间的关系和比较大小。同时，他们还需要学习数的改写，如将大数化成用万、亿做单位的数，求近似数等。

2. 数的运算

四则运算是数与代数的基础，学生需要掌握加、减、乘、除的计算法则，运算顺序和运算定律。此外，他们还需要学习混合运算和简便运算，提高计算速度和准确性。

3. 常见的量

学生需要学习质量、长度、面积、时间、体积（容积）等常见量的计量方法，以及单位间的换算。

4. 式与方程

随着学生年级的升高，学生将接触到式与方程的学习。他们需要理解代数式的含义，学会用字母表示数，并掌握简单的方程解法。

5. 正反比例和探索规律

学生在数与代数的学习中还需要了解正反比例的概念，学习如何寻找和验证规律。

（二）几何与图形

几何与图形是小学数学课程的另一个重要组成部分。它主要包括图形的认识、测量、图形与位置、图形与变换等内容。

1. 图形的认识

学生需要认识各种平面图形和立体图形，了解它们的名称、各部分名称、特点、性质以及图形之间的关系。

2. 测量

学生需要学习如何测量图形的周长、面积和体积，掌握各种测量工具和测量方法。

3. 图形与位置

学生需要学习如何描述物体的位置和方向，理解空间位置关系。

4. 图形与变换

学生需要学习图形的运动（平移和旋转），了解图形变换的规律。

（三）统计与概率

统计与概率是小学数学课程的另一个重要领域。它主要包括统计表、统计图（条形、扇形、折线等）、平均数、众数、概率等内容。

1. 统计表与统计图

学生需要学习如何制作和解读统计表与统计图，了解各种统计图的特点和适用场景。

2. 平均数与众数

学生需要学习如何计算平均数与众数，理解它们的含义和应用场景。

3. 概率

学生需要学习概率的基本概念，了解如何计算简单事件的概率，并理解概率在实际生活中的应用。

（四）实践与综合应用

实践与综合应用是小学数学课程的重要组成部分。它强调数学知识的实际应用和跨学科整合，帮助学生将所学知识运用到实际生活中。

1. 实践活动

学生需要参与各种数学实践活动，如数学游戏、数学实验等，通过实际操作和亲身体验来加深对数学知识的理解和记忆。

2. 综合应用

学生需要学习如何将数学知识应用到其他学科中，如物理、化学、生物等，理解数学在跨学科整合中的重要作用。

二、小学数学具体课程教学内容设计的环节

（一）分析学生需求

在进行教学内容设计之前，首先要了解学生的数学基础、学习兴趣和认知特点。教师可以通过日常观察、作业分析、测试评估等多种方式，全面了解学生的

数学水平和学习状况。同时，教师还应尊重学生的兴趣和选择，使教学内容更加贴近学生的实际需求。

（二）选择教学内容

教师在选择教学内容时应以教材为基础，结合学生的实际情况去选择具有代表性、典型性和启发性的知识点。同时，教师还应关注数学知识的系统性和连贯性，确保所选内容能够与学生的已有知识相衔接，为他们的后续学习打下坚实的基础。

（三）分析教材中的重难点

教材中的重难点是学生在学习过程中容易遇到困难、需要花费更多时间和精力去理解和掌握的知识点。教师应深入剖析这些重难点，明确它们的产生原因和解决方法。教师在教学过程中可以通过举例、演示、讲解等多种方式，帮助学生理解和掌握这些重难点，提高他们的数学素养。

（四）根据学生情况对教学内容进行整合

教师在了解学生需求和教材重难点的基础上，应根据学生的实际情况对教学内容进行整合。整合的内容可以包括知识点的重组、教学方法的选择、教学资源的利用等方面。教师通过整合可以使教学内容更加符合学生的认知规律和学习特点。

具体来说，教师可以采用以下策略进行教学内容整合：

（1）知识点重组。教师根据学生的认知水平和学习能力，将教材中的知识点进行重新组合和排列，使它们更加符合学生的学习需要。例如，教师可以将相关的知识点进行归类整合，形成知识块或知识链，便于学生理解和记忆。

（2）教学方法选择。教师根据学生的年龄特点和兴趣爱好，选择适合的教学方法。例如，对于低年级学生，教师可以采用游戏化教学、情境教学等方法，激发他们的学习兴趣；对于高年级学生，可以采用探究式学习、合作学习等方法，培养他们的自主学习能力和合作精神。

（3）教学资源利用。教师充分利用各种教学资源，如教学课件、教学视频、数学软件等，为学生提供丰富的学习材料和实践机会。同时，教师还可以结合学生的生活经验和社会实践，将数学知识与现实生活相结合，提高学生的数学应用能力和解决问题的能力。

总之，小学数学教学内容设计是一个复杂而精细的过程。教师需要深入了解学生的需求和特点，精心选择教学内容，分析教材中的重难点，并根据学生的实际情况对教学内容进行整合。

三、小学数学具体课程内容设计的基本特征

（一）基础性

数学课程的基础性表现在它是一个普通教育的基础课程，更是一个为学生学习后续数学乃至科学研究打好基础的基础课程。从知识的角度来讲，数学课程内容应该是基础知识和基本技能的有机结合，要着眼于学生今后进一步学习数学知识所需要的"通性"和"通法"。由于数学具有高度的抽象性和概括性，数学的基础性是在学生反复练习的过程中实现的。反复练习可以使学生逐渐理解事物的数量关系和空间形式，逐渐使之内化为自己的认知结构体系，进而应用所学知识去解决数学学科内部以及现实生活中的问题。数学是一门"技能课"，技能是通过不断的反复练习而形成的自动化的动作系统，是一个需要经过反复练习才能逐渐积累起来的经验系统。对于数学教学中的基本技能训练不能忽视，这应当是有目的、有计划、有步骤的，并在一定的范围里进行。例如小学数学中解应用题方面的训练就属于这方面的训练内容。此外，为了帮助学生理解和应用，教师在教学设计中应把掌握数学基础知识与培养数学基本技能有机地结合起来。

（二）普及性和发展性

义务教育阶段的数学课程是面向全体的，使每一个学生都能获得良好的数学教育是义务教育阶段数学课程的基本理念之一。在具体的教学内容的设计中应考虑学生的个体差异，要遵循学生学习数学的规律，使学生从已有的生活经验出发，让学生亲身经历将实际问题抽象成数学模型并进行解释与应用的过程。进而使学生获得对数学的理解的同时，在思维能力、情感态度与价值观等多方面得到进步和发展。由于学生所处的文化环境、家庭背景和自身思维方式的不同，学生的数学学习活动应当是一个生动活泼的、主动的和富有个性的过程。在实施新课程中教师应让不同的人在数学上得到不同的发展。

（三）思想性

小学数学教材中蕴含着丰富的数学思想,教师要善于挖掘教材中的数学思想,通过数学教学过程使学生获得对数学知识的体验、感受,从而初步形成数学思想方法。小学数学思想主要包括:转化思想、集合思想、符号化思想、统计思想、极限思想、分类思想等。在小学数学教学内容的设计中要注意运用相应的数学思想去分析处理教学素材,进行课堂教学设计。

(四)科学性

在小学数学教学内容的设计中,应遵循数学的学科特点,如严密性、逻辑性等。教师要从学生的认知规律出发,正确阐述数学概念,合理安排教学内容,做到概念清晰、重点明确、由浅入深、由易到难、循序渐进。要注重知识的内在联系和前后衔接,防止人为的分割和孤立。同时要注意教学内容的科学性,防止出现科学错误。

(五)开放性

小学数学的教学内容设计要打破传统教材的限制,要从学生实际出发设计教学内容,要注意教学内容与学生生活紧密联系,让学生从自己身边的情境中感受、理解数学,并运用所学知识解决实际问题。如:教师在认识圆角分的教学中,可让学生找一找哪些物品是圆角分等价交换的;再如,教师在教授认识钟表时,可以让学生通过观察家庭中的钟表等。让学生从自己的身边找出答案,这样就会使学生感到生活中处处有数学,体会数学的实用性。再比如,教师在教授三角形的稳定性时,可先用一段长绳子在教室内拉一个三角形框框,并演示给学生看,然后提出问题:为什么这个框框拉不动呢?启发学生通过讨论三角形具有稳定性的特点这一情境引入新课。创设这样的问题情境能点燃学生思维的火花,激发他们的学习兴趣,从而让学生真正体会到数学的巨大魅力。另外,教师可充分利用现代化的教学手段进行教学设计,如幻灯投影、多媒体课件等变静为动、化快为慢,有视觉效果强、感染力大的优点,将学生的观察引向更广阔的视野。把声、光、形有机融为一体,能创造有利于学生学习的形象语言环境及模拟现场环境。将数学的理性材料变为具体的可感知的对象,能使抽象内容具体化、形象化,有利于解决生活中的实际问题,适应现代教育信息化的发展趋势。如在行程问题的应用中制作车行路程课件,使复杂运动情景过程变为简单的图形动态展示。同时,教学形式的多样化也培养了学生的学习兴趣和参与意识。

（六）灵活性

小学数学教学中对教材的处理要灵活，教师不能被教材牵着鼻子走。教师在备课时应深入领会教材编写的意图，根据实际情况创造性地使用教材。教材是教师进行教学的依据之一，但并不是唯一的资源。教师还需要从学生实际情况出发处理教材，注意教材内容与学生实际以及现有教学条件相符的问题。例如在学习面积计算时，在教室里可以让学生从观察实物着手比较面积大小进而过渡到抽象数字计算，也可组织学生走出教室从实际生活着手来观察体验什么是面积，等等；而在学习观察物体时就可以充分利用教室里的实物来进行教学，等等。另外，教师在教学方法的选择上也要灵活多变。教学方法是师生为达到教学目的而相互结合的活动方式之一，包括教师教的方法和学生学的方法两个方面。传统的教学方法往往是教师讲学生听的教学方法，而这种方法往往不利于学生主体作用的发挥，进而会影响到学生学习兴趣的提高以及创新思维的发展。因此，教师要根据不同的教学内容和不同的学生来选择不同的教学方法。如：直观教学、尝试法、讨论法、讲解法等灵活多样的教学方法能使学生产生浓厚的学习兴趣，从而达到提高教学质量的目的。

（七）趣味性

小学生具有好动、好问、好玩、好奇、有强烈的学习动机和兴趣等心理特点，这就要求教师在教学设计中应尽可能地运用一些生动活泼的方法进行教学，使学生感到学习数学并不是枯燥无味的，是可以作为一种乐趣去学习去探索的。例如，教师在教授元角分时，就可以用开办小商店的方法让学生练习；教师在教授乘法的初步认识时，就可以用相同加数的连加与乘法的关系进行比较教学，等等。同时，教师在教学中也可以利用多媒体辅助教学，为学生创设各种有趣的教学情境，激发他们的学习兴趣等，来吸引学生的注意力，诱发他们探求知识奥秘的愿望，可使他们由厌学变为乐学，从而收到良好的教学效果，等等。同时，教师可在设计教学内容时力求体现现代的教学思想，为学生创设良好的学习环境，充分发挥学生的主体作用，充分调动学生的积极性，使学生的主体地位得到充分的体现；教师可在设计教学程序时，尽力为学生安排宽松的思维空间；在教学过程中以引导为主，帮助学生逐渐克服不良的学习习惯，使他们能主动地去获取知识开发智力。

（八）生活性

在传统的教学过程中，数学知识通常会被看成是枯燥无味的，是数学上的定理、公式和法则，需要学生在不断的反复练习中掌握数学知识，运用数学知识解决实际问题。然而，数学知识与教师的实际生活有着密切的联系，数学知识的学习是为了更好地解决生活中的问题。教师在小学数学教学过程中要注重联系生活实际，提高学生对知识的理解能力。

例如，教师在讲解"认识钟表"这一节的内容时，就可以联系生活实际展开教学。首先，教师可以让学生观察教室中悬挂的钟表，让学生初步了解钟表上指针的特点；其次，教师可以让学生思考自己一天的生活安排，如早上起床、吃早饭、上学等时间点；最后，教师就可以让学生自己动手制作一个简易的时钟，并让学生在课堂上展示自己的作品并说出指针所代表的时间。这样不仅使学生更加深刻地认识钟表这一时间工具，而且还能让学生在生活中不断巩固所学的知识。

四、小学数学具体课程教学内容设计的基本要求

（一）全面准确地理解小学数学教材

教师对小学数学教材的理解要整体把握，要站在整个小学数学课程内容的角度来审视教材，理解教材。同时要深入钻研教材，理解教材的内涵和编排意图。只有这样才能使教学内容的设计既符合新课程的理念又符合学生的认知规律。

（二）创造性地使用教材

新课程倡导教师"用教材"而不是简单地"教教材"。教师要创造性地使用教材，一方面要根据教学目标对教材进行科学合理的加工组合；另一方面在尊重教材的基础上结合当地的实际情况选择贴近学生生活实际的素材创设情景，把生活中的一些问题逐步抽象为数学问题。此外，教师还要根据学生已有的知识经验和学生的实际情况对教材进行适当的补充或调整。

（三）合理安排教学内容

1. 符合学生的认知规律

对于小学生来说，他们的认知规律是由简单到复杂、由具体到抽象、由易到难的过程。小学数学教学内容的安排必须符合这一规律，使学生能够循序渐进地

掌握数学知识。教师在设计教学内容时要考虑到学生的年龄、心理特点、知识基础和能力水平等因素，合理安排各个知识点之间的衔接和过渡，确保学生能够顺利地理解和掌握。

2. 突出数学特点

小学数学教学内容要突出数学特点，即抽象性、逻辑性和应用性。教师要注重培养学生的数学思维和数学方法，使学生能够运用数学知识和数学思想解决实际问题。教师在具体的教学内容设计中要注重挖掘数学概念的本质和内在联系，引导学生通过观察、比较、分析、综合等方法，逐步形成自己的数学思维模式。同时，教师还要注重培养学生的数学应用能力，通过设计具有实际背景的问题和活动，使学生能够将所学知识应用到实际生活中。

3. 密切联系生活实际

小学数学教学内容要密切联系生活实际，使学生能够感受到数学知识的实用性和价值性。教师在设计教学内容时要注重将数学知识与现实生活相联系，使学生能够从生活中发现数学问题，并运用数学知识解决实际问题。这种方式可以激发学生的学习兴趣和动机，增强学生的数学应用能力和实践能力。

4. 有利于学生主动地进行观察、猜测、推理与交流

小学数学教学内容要有利于学生主动地进行观察、猜测、推理与交流，即要注重培养学生的自主学习能力和合作探究能力。教师在设计教学内容时要注重创设问题情境，激发学生的学习兴趣和探究欲望，引导学生通过自主探究和合作交流的方式解决问题。同时，教师还要注重培养学生的思维能力、创新能力和实践能力，使学生能够运用所学知识解决实际问题。

5. 从学生的生活实际出发，紧密围绕教学目标来安排

教师设计小学数学教学内容时首先应考虑的是学生的认知特点和生活经验，应从学生的生活实际出发，使教学内容贴近学生生活，符合学生的知识需求。教师设计的数学问题应该是现实的、有意义的、富有挑战性的。如一年级"人民币的认识"一课中，教师可以从学生生活中常见到的商店布置入手，把课堂模拟成一个小商店，让学生在买东西的过程中认识人民币，了解人民币的简单计算规律。这样将知识与生活实际相联系，可以激发学生浓厚的学习兴趣。教师设计这样的教学内容，不仅贴近学生生活，还有益于提高学生解决实际问题

的能力。在设计中还要围绕教学目标，紧紧抓住教学的基本任务。

6. 根据实际情况灵活处理教材，合理安排课时进度

数学知识的处理方法要符合学生接受能力的实际，不要超越学生的可接受性。这就要求数学教师有驾驭教材的能力，灵活处理教材，对教材进行增删、调整、充实，同时还要合理安排课时进度，不要赶时间，搞题海战术。教师在数学教学中要注重知识的积累，切忌一步到位。如：在"百分数的意义和写法"一课中，教材中只安排了一个例题和一组练习题。如果教师按部就班地先教授例 1 再练写几道百分数题，显然感到有点太急了。这时教师可根据实际情况灵活处理教材，把百分数的写法和意义分散到几个练习中去教学。如先出示"今天做对数学题目的正确率是 65%"，让学生说说什么叫百分数；再出示"今年春天教师的种植率是 98%"，让学生说说 98% 表示什么意思；接着让学生试着写几个百分数。这样既分散了难点又使学生有足够的时间去探索和理解百分数的意义。

7. 考虑学科间的联系，加强与其他学科的联系

数学是一门重要的学科，它与许多学科都有着密切的联系。如物理、化学等学科都离不开数学的计算，历史学科中的一些年代也与数学有关，等等。因此，教师在设计教学内容时要注意与其他学科的联系，注意渗透数学思想方法。如：在"圆的周长"教学中，教师可以让学生通过测量各种圆的周长和直径求出它们的比值，使学生发现不管圆的大小如何，每个圆的周长总是它的直径的三倍多一些，从而引出圆周率的概念。这样使学生初步了解了"无限不循环"的小数概念，了解了极限思想。

8. 做到繁简得当、难易适度、重点突出、注意渗透数学思想方法

教师设计小学数学教学内容要做到繁简得当、难易适度，既不要过于烦琐复杂，也不要过于简略肤浅。教师要根据学生的年龄特征和已有的知识经验确定每节课的教学重点和教学难点；重点要突出讲解、仔细分析、详细研究；难点要研究突破的方法，并选择合适的教学手段进行突破；同时，还要注意渗透数学思想方法。

数学思想方法是以具体数学为载体，蕴含着较为普遍的数学规律和基础性的数学方法与观点，它是数学知识发生过程的提炼、抽象、概括和升华，是打开数学知识宝库的金钥匙。学生在学习数学知识的同时了解一些基本的数学思想和方法是必要的。如：教师在教授"圆的面积"时可以引导学生将圆转化为近似等分

的若干相等的扇形，进而拼凑成近似的平行四边形或长方形。在此过程中，学生经历了观察、比较、归纳等思维过程后发现了"化曲为直"的转化方法。这一方法的运用进一步培养了学生的观察能力、归纳能力和抽象思维能力并且渗透了极限思想和方法。

9. 考虑不同层次学生的认知特点和生活经验进行有针对性的教学设计

学生存在差异这是客观现实。为此，教师必须在进行教学设计时考虑到不同层次学生的学习需要来组织教学的内容和教学过程，使每个学生都能得到不同程度的发展。教师要考虑不同学生对数学知识与技能的掌握有所不同，对数学思想方法的领会与应用也会有所不同，解答习题的思路与方法技巧也会有所不同，提出问题、分析问题、解决问题的能力也会有所不同。因此，教师不能要求所有学生获得同样的学习效果或获得同样的表现机会，而忽视其他层次学生的发展水平和学习情况。教师在备课中就要考虑到各种层次学生的认知特点和已有经验，设计一些可启发不同层次学生思维的问题，并让他们尝试不同的解决问题的方法或操作程序，使他们在自己的水平上通过努力都能解答问题或取得进展，从而增强他们的自信心和提高他们学习数学的兴趣。

（四）加强学生动手操作能力的培养

动手操作是学生学习数学的重要方式和手段。小学生天生好奇，他们乐于动手操作，因此教师在设计课堂教学内容时要多为学生创造动手操作的机会。教师要从激发学生的动手欲望、培养学生动手操作的能力和培养学生合作动手的能力等方面着手，切实提高学生的动手操作能力。具体措施包括：结合课堂教学内容进行手工制作，让学生在动手中理解数学知识；结合教学实际让学生进行测量、拼摆等活动；通过小组合作探究活动，让学生在合作中动手操作，共同探索并发现数学知识；在动手操作过程中，注重培养学生的思维能力和创新意识。

（五）注重学生之间的差异

每个学生都是一个独立的个体，他们在知识基础、认知风格等方面存在差异。教师在设计课堂教学内容时要注意因材施教，关注学生之间的差异，为不同层次的学生提供适合各自发展的内容和条件。教师要善于根据学生的不同特点和能力，有针对性地指导他们采用不同的学习方式和学习策略进行学习，以满足不同学生的学习需求。对于基础较差的学生，教师要加强基础知识的辅导；对于学有余力的学生，教师可以适当增加难度和深度，满足他们的求知欲。同时，教师还要鼓励学生互相帮助、互相合作、共同提高。教师在教学中可以采取分组教学、分层练习的方式，让不同层次的学生都能得到充分的训练和提高。总之，小学数学具体课程教学内容的设计需要充分考虑学生的认知规律和实际需求，注重学生动手操作能力的培养和关注学生之间的差异，这样才能提高数学课堂教学的针对性和实效性。

第三节　教学内容呈现方法

一、小学数学教学内容呈现的必要性

教学内容的呈现是教师向学生传递数学知识的重要途径。教师通过呈现不同的教学内容，使学生能够掌握数学的基本概念、原理和方法，从而提高学生的数学素养和解决问题的能力。小学数学教学内容的呈现是数学教学的重要组成部分。

二、小学数学教学内容呈现的方法

（一）直观呈现

直观呈现是指通过实物、图片、视频等直观方式向学生展示教学内容。这种方法能够帮助学生更好地理解数学概念和原理，同时也有助于激发学生的学习兴趣和积极性。例如，教师在讲解几何图形时可以展示各种形状的实物，或者使用多媒体课件展示图形的变化过程，帮助学生更好地理解几何图形的性质和特点。

（二）语言描述

语言描述是指通过口头或书面语言向学生传递教学内容。这种方法适用于较为抽象的数学概念和原理，需要教师用生动、形象的语言进行解释和说明。例如，教师在讲解代数概念时可以结合生活中的实例进行讲解，帮助学生更好地理解代数概念的本质。

（三）案例分析

案例分析是指通过具体的案例向学生展示数学原理和方法的应用。这种方法能够帮助学生更好地理解数学知识的实际应用价值，同时也有助于培养学生的问题解决能力和创新意识。例如，教师在讲解统计知识时可以结合实际生活中的数据进行分析，帮助学生更好地理解统计方法的应用和意义。

（四）内容组块化

教学内容的呈现方法对学生的学习效果有着重要的影响。其中，内容组块化是一种有效的教学方法，它将教学内容划分为多个组块，以便学生更好地理解和记忆。下面将介绍内容组块化的三种主要方法：群化相关信息、激活长时记忆和通过复述强化记忆。

1. 群化相关信息

群化相关信息是将相关的数学概念、公式、定理等组合在一起，形成一个整体进行教学的方法。这种方法有助于学生将所学知识系统化，加深对知识的理解。例如，教师在教授分数的加法时，可以将分数的概念、性质、运算规则等组合在一起进行教学，帮助学生更好地理解和掌握分数的加法运算。

2. 激活长时记忆

小学生的记忆特点是以短时记忆为主，需要通过一定的方法将其转化为长时记忆。激活长时记忆的方法包括利用生活中的实例、将抽象知识具体化、引导学生自主探索等。这些方法，可以帮助学生更好地理解和掌握数学知识，进而形成长时记忆。例如，教师在教授乘法口诀时，可以引导学生通过观察生活中的例子（如购买商品时的价格计算）来理解和记忆乘法口诀，从而将乘法口诀转化为长时记忆。

3. 通过复述强化记忆

复述是帮助学生强化记忆的有效方法之一。教师在教学过程中可以通过多种方式引导学生复述所学知识，如口头复述、书面复述、组织小组讨论等。教师通过反复复述，可以加深学生对知识的理解和记忆，进而提高学习效果。例如，教师在教授图形面积计算公式时，可以通过组织小组讨论，让学生在交流中复述公式的推导过程和适用条件，从而强化学生对公式的理解和记忆。

（五）概念结构可视化

1. 复杂元素解构化

教师在小学数学教学中需要将复杂的概念和元素进行分解，以便学生更好地理解和掌握。教师可以通过图像、图表、动画等方式，将复杂的概念和元素分解成易于理解的小单元，并通过生动有趣的方式呈现出来，激发学生的学习兴趣和热情。同时，教师还可以引导学生进行思考和讨论，让他们更好地理解这些小单元之间的联系和关系，从而建立起更加完整和清晰的概念结构。

2. 脉络结构显现化

小学数学教学内容中，知识点之间往往存在着一定的联系和脉络。教师需要将这些脉络显现化，以便学生更好地理解和掌握知识体系。教师可以通过图像、图表、动画等方式将知识点之间的联系和关系呈现出来，让学生更加直观地了解知识体系的结构和层次。同时，教师还可以引导学生进行思考和讨论，让学生更好地理解这些脉络的形成和变化，从而建立起更加完整和深入的概念结构。

3. 冗杂语句图形化

小学数学教学中有时会出现一些冗长而复杂的数学语句。教师可以将这些语句图形化以便学生更好地理解和掌握。教师可以将这些语句转化为图形、表格、图像等形式，以便于学生理解和记忆。同时，教师还可以引导学生更好地理解这些语句的含义和作用，从而建立起更加完整和准确的概念结构。

4. 概念导入情境化

教师在小学数学教学中可以根据教学内容和学生实际情况，将概念导入具体的情境中。教师可以通过创设生活情境、实验情境、游戏情境等方式，将数学概念融入具体的情境中，让学生通过观察、实验、游戏等方式，更好地理解数学概念的含义和作用。

（六）形式简明化

1. 形式简明化的重要性

教学内容的呈现形式直接影响着学生的学习效果。过于复杂的表述和过多的信息往往会让学生感到困惑和难以理解。将教学内容简明化是提高教学效果的重要手段。形式简明化不仅有助于学生更好地理解和掌握知识，还能激发他们的学习兴趣和积极性。

2. 形式简明化方法之一：视听双通道结合

将小学数学教学内容通过视听双通道的方式呈现，有助于吸引学生的注意力，提高学生对知识的理解和记忆。教师可以通过多媒体技术，将数学概念、公式、图形等元素以生动、形象的方式展示出来，同时配以讲解，使学生更好地理解和掌握数学知识。

为了实现视听双通道的结合，教师需要注意以下三点：

（1）合理选择多媒体素材。根据教学内容和目标，选择合适的图片、视频、音频等多媒体素材，以增强教学的趣味性和生动性。

（2）把握节奏和时机。在适当的时间插入多媒体素材，如讲解重点、难点时，可以暂停或放慢讲解速度，插入多媒体素材进行解释和说明。

（3）注重师生互动。在播放多媒体素材的同时，教师应注重与学生的互动，引导学生思考和讨论，加深学生对知识的理解和记忆。

3. 形式简明化方法之二：凸显主题信息

为了使学生更好地理解和掌握数学知识，需要凸显主题信息，即与教学目标和内容紧密相关的关键信息。具体而言可以通过以下三种方式实现：

（1）提炼关键概念和公式。在讲解数学概念和公式时，教师需要提炼出关键信息，并用简洁明了的语言进行解释和说明。这样可以使学生更好地理解数学知识的本质。

（2）突出重点和难点。教师在教学过程中应突出重点和难点知识，使用不同的教学方式和方法帮助学生理解和掌握。教师可以通过图示、表格、实例等方式来展示重点和难点知识，帮助学生更好地理解和记忆。

（3）简化语言和表达方式。教师应尽量使用简单明了的语言和表达方式，避免使用过于复杂的词汇和句式。这样可以使学生更容易理解和接受数学知识，提高学习效率。

以下是一个具体的案例：

小明和小华去买文具，他们各带了 10 元钱。小明买了 1 支铅笔和 1 个橡皮擦，花了 5 元钱；小华买了 2 本笔记本和 1 个笔袋，花了 8 元钱。请问他们还剩下多少钱？

在讲解这个问题时，教师可以利用多媒体展示文具、钱数、花费等关键词，并引导学生思考如何求剩余的钱数。通过视听双通道结合的方式，学生可以更好地理解问题中的信息，并逐步找到解题的方法。同时，教师还可以引导学生总结出此类问题的解题思路和方法，帮助他们形成清晰的知识体系。

（七）引导步骤化

1. 以注意力作为步骤化教学的切入点

小学生的注意力容易分散，因此教师在呈现教学内容时，需要注重吸引学生的注意力。教师可以通过生动有趣的语言、形象直观的教具、丰富多彩的多媒体素材等方式，吸引学生的注意力。同时，教师还需要注意教学内容的呈现方式，避免过于复杂或过于简单，让学生能够轻松理解和掌握。

2. 以逐步呈现作为呈现结构的手段

小学数学教学内容具有一定的逻辑性和层次性，教师需要按照一定的逻辑顺序逐步呈现教学内容。教师在教学过程中可以通过设置问题、引导探究、组织讨论等方式，引导学生逐步深入思考，从而更好地理解和掌握数学知识。同时，教师还需要注意教学内容的难易程度，根据学生的实际情况和认知规律，逐步呈现不同的知识点，让学生在轻松愉快的氛围中逐步掌握数学知识。

3. 以建立相关信息关联保障有效沟通

小学数学教学内容之间存在着一定的关联性，教师需要注重建立相关信息关联，帮助学生更好地理解和掌握数学知识。教师在教学过程中可以通过比较、类比、归纳等方式，将不同的知识点进行比较和联系，帮助学生建立知识网络，加深学生对数学知识的理解和记忆。同时，教师还需要注重与学生之间的沟通交流，了解学生的需求和困惑，及时调整教学策略以及方法，进而提高教学效果。

三、注意事项

（一）教学内容的呈现要有趣味性

兴趣是最好的老师，小学生年龄小，自制力差，学习时心理因素影响占主导地位。教师若能从学生身边的生活入手，为学生创设富有趣味性的教学情境，使学生置身于其中，进入角色，产生情感效应，使课堂气氛变"死"为"活"，变"静"为"动"，就能促使学生在愉快的情境中主动地"学数学"，成为学习的主人。

例如：教师在教授"人民币的认识"一课时，把教室布置得像商场一样，有学生扮演售货员，有学生扮演顾客，出示一件商品，顾客拿着钱，去售货员那里付款，找零。教师还让学生去不同的地方换钱，体会不同面值的人民币。在活动中，教师教学生认识各种面值的人民币，并学会简单的计算。活动使学生对人民币的认识由抽象变得直观、形象，从而增强了学习兴趣。

（二）教学内容的呈现要有多样性

新课标指出，"学生的数学学习活动应当是一个生动活泼的、主动的、富有个性的过程"，"动手实践、自主探索与合作交流是学生学习数学的重要方式"。课堂教学要提供丰富的、典型的、正确的感性材料，通过观察、操作、游戏、演示等实践活动，调动学生多种感官参与学习活动，让学生动手做数学、用数学，而不仅仅是动口说数学、动手算数学。

例如：在教授"长方体的认识"一课时，教师让学生课前准备好一个土豆（或萝卜），课堂上让学生用刀切（注意安全），然后让学生观察切面有怎样的图形、为什么，使学生直观感知面和面重合得到一个长方体。这样的教学能有效地发展学生的空间观念。

（三）教学内容的呈现要有层次性

数学知识结构的特点是：由浅入深，由表及里，由简单到复杂。数学知识结构的呈现应具有层次性。同样，教师在呈现小学数学教学内容时也应注意这个特点。教师对教材的明显内容可根据实际情况做适当补充使之丰富，对教材的隐含内容可根据学生的接受能力适当调整使之充实。教师可通过把隐含的内容变为学生易接纳的内容、把深奥的知识变得浅显通俗、把抽象的东西变得形象直观等手段来加强知识之间的过渡与衔接。这样的教学就能提高教学的效益。例如，一年级"连加连减"的课程教学中，教师可根据学生的学习起点进行层次性教学，出示情景图，展示："一群小鸭在游泳池内游泳后又上来呼吸空气。"教师可以让学生观察：情景图上有几只小鸭？怎样从游泳池到岸上来？一共游来了几只小鸭？教师可以把问题分解成几个层次让学生思考：小鸭游来游去是不是一次游来的？分几步？怎样列式？得数是多少？这样分解难点的教学过程有利于学生对连加连减的掌握和解决类似问题。

（四）教学内容的呈现要有开放性

学生的数学学习活动应当是一个生动活泼的、主动的和富有个性的过程。因此开放性的教学内容能促使学生积极探求知识、思索解决问题的方法。教师在课堂教学中应根据学生的认知规律和实际情况设计全体学生都能参与的教学活动。教师可为学生提供一些富有探索性的问题，让学生在观察、思考、讨论的过程中提高分析问题和解决问题的能力。如教授一年级"9加几"时，出示情景图后教师不做任何提示，放手让学生自己探索计算方法，最后得出多种计算方法。这样设计可以培养学生与学生之间的合作探究和归纳能力，也有利于激发学生学习数学的积极性。因为对于这些习题，每个学生必须经过自己的思考才能得到答案。虽然学生的答案多种多样，但是教师可以从中了解到学生的解题思路及学生的思维特点和发展水平，从而提高课堂教学的效益，有助于培养学生对问题提出不同的看法，让学生在思辨中提高数学思维能力并促进思维的发展。这样的开放性的教学内容不但培养了学生的探究能力而且发展了学生的智力因素与非智力因素，提高了课堂教学效益的同时促进了学生自主学习能力和创新能力的发展，体现了现代教学的指导思想。

（五）教学内容的呈现要符合学生的认知规律

数学知识的学习需要学生具备一定的认知基础，因此，教师在呈现小学数学教学内容时，要符合学生的认知规律。教师在呈现新知识时，要考虑到学生的原有知识基础，找到新知识的生长点，使新知识能够顺利地融入学生的知识体系中。同时，教师还要考虑到学生的认知特点，根据学生的心理特征和年龄特点来呈现教学内容，使学生能够更好地理解和掌握数学知识。

（六）教学内容的呈现要符合学生实际生活

数学知识具有很强的应用性，与实际生活密切相关。教师在呈现小学数学教学内容时要尽量将数学知识与实际生活联系起来，使学生感受到数学知识的应用价值。例如，教师在讲解"轴对称"这部分内容时，可以通过引导学生观察生活中的常见事物，如蝴蝶、数字、建筑等，来了解轴对称的特点。这样的教学方法可以激发学生的学习兴趣，提高他们的观察能力和应用能力。另外，教师还可以根据实际情况组织一些与数学知识相关的实践活动，让学生在实践中应用数学知识，加深对数学知识的理解。

（七）教学内容的呈现要具有直观性和形象性

小学生的思维以形象思维为主，他们对直观、形象的事物比较感兴趣。教师在呈现小学数学教学内容时要注重教学内容的直观性和形象性。教师可以利用多媒体技术来呈现教学内容，通过图片、视频等形式来展示数学知识，使抽象的数学知识变得更加直观和形象。另外，教师还可以通过实物展示、动手操作等方式来呈现教学内容，使学生能够通过动手操作来感知和理解数学知识，提高他们的学习兴趣和积极性。

（八）教学内容的呈现要注重启发性和探究性

小学数学教学不仅要让学生掌握数学知识，还要培养学生的思维能力和探究能力。教师在呈现小学数学教学内容时要注重教学内容的启发性和探究性。教师要根据学生的实际情况和教学内容的特点，设计具有启发性的问题，引导学生思考和探究，帮助他们开拓思路，提高思维能力。同时，教师还要为学生提供探究的机会和条件，让他们通过动手操作、合作交流等方式来探究数学知识，培养他们的探究能力和合作意识。

（九）教学内容的呈现要关注全体学生

小学数学教学要面向全体学生，使每个学生都能够得到发展和提高。教师在呈现小学数学教学内容时要关注全体学生，根据学生的实际情况和差异，设计不同层次和不同难度的内容，使每个学生都能够参与到教学中来，并得到不同程度的提高和发展。同时，教师还要注重教学内容的趣味性和生动性，吸引学生的注意力，激发他们的学习兴趣和积极性，使每个学生都能够感受到数学学习的乐趣和价值。

总之，小学数学教学内容的呈现是数学教学的重要环节之一，它直接关系到学生对数学知识的理解和掌握。教师在呈现小学数学教学内容时要注重符合学生的认知规律、具有直观性和形象性、注重启发性和探究性以及关注全体学生等方面的问题。

第四章　新视角下的小学数学教学方法创新

第一节　小学数学教学方法创新的要求

一、小学数学教学方法创新的重要性

随着新课程改革的不断深入，传统的小学数学教学方式也正在经受着前所未有的冲击，许多新的教学方式不断涌现。然而，不论教学方式如何改变，其目的都是培养学生的创新意识和实践能力。小学数学教学方法的创新是十分必要的。

第一，小学数学教学方法的创新是培养学生创新意识和实践能力的需要。小学数学教学不仅仅是传授知识，更重要的是通过知识的学习来培养学生的创新意识和实践能力。只有通过对学生思维方式的训练和能力的培养，才能使学生真正掌握数学的思想和方法，从而提高学生的数学素养。

第二，小学数学教学方法的创新是提高教学质量的需要。传统的小学数学教学方式往往是教师讲授、学生接受，这种教学方式往往忽视了学生的主体性，不利于学生主动地参与学习。而通过教学方法的创新，可以更好地激发学生的学习兴趣和积极性，使学生能够主动地参与到学习中来，从而提高教学质量。

第三，小学数学教学方法的创新是数学学科发展的需要。数学是一门具有广泛应用性的学科，它不仅在各个领域中都有着重要的作用，同时也在不断地发展着。为了适应数学学科的发展和需求，必须对小学数学教学进行不断的创新和改革。

二、小学数学教学方法创新的要求分析

（一）革新数学教学观念

传统的小学数学教学方式往往以教师为中心，注重知识的传授和灌输，而忽

视了学生个体的差异和需求。这种教学方式已经无法满足现代教育的需求，因此，革新数学教学观念是教学方法创新的首要任务。

第一，教师需要转变角色，从知识的传授者转变为学习的引导者和促进者。教师需要关注学生的个体差异，了解每个学生的需求和特点，以便更好地指导他们。

第二，教师需要注重培养学生的创新能力和实践能力。数学是一门需要学生不断探索和发现的学科，教师需要鼓励学生发现问题、分析问题、解决问题，培养他们的创新能力和实践能力。

（二）明确学生主体地位

在传统的教学方法下，学生往往处于被动接受知识的地位，缺乏主动性和积极性。为了提高教学效果，教学方法创新必须明确学生的主体地位。

第一，教师需要激发学生的学习兴趣和积极性。可以通过引入有趣的数学问题、组织数学活动等方式，激发学生的学习兴趣和好奇心，让他们主动参与到学习中来。

第二，教师需要注重培养学生的自主学习能力。可以通过引导学生自主探究、合作学习等方式，培养他们的自主学习能力和团队合作精神。

第三，教师需要为每个学生提供个性化的教学和指导。可以通过建立学习小组、开展个别化辅导等方式，满足不同学生的需求。

（三）合理设计教学目标

在传统的小学数学教学中，教师往往按照单一的教学目标进行授课，这不仅限制了学生的学习效果，还可能影响学生的学习兴趣和动力。为了提高小学数学的教学质量，创新教学方法是必要的。

1. 明确教学目标的重要性

教学目标是教学活动的导向，它决定了教学内容、教学方法和教学评价的设计。明确的教学目标有助于教师更好地把握教学方向，确保教学活动的有效性和针对性。传统的小学数学教学往往缺乏明确的教学目标，导致教学效果不佳。合理设计教学目标是小学数学教学方法创新的关键要求之一。

2. 多元化教学目标的设计

多元化教学目标的设计包括知识技能目标、过程方法目标、情感态度价值观目标的整合。教师在设计教学目标时，应考虑学生的实际情况和个体差异，根据教学内容和目标制定多元化的教学目标。例如，教师在教授"分数"这一概念时，教师可以设定知识技能目标为帮助学生理解分数的含义，掌握分数的加减乘除运算；过程方法目标则是为了通过实践操作，培养学生的观察能力和思考能力；情感态度价值观目标为培养学生对数学的兴趣和热爱，树立学好数学的信心。

3. 个性化教学目标的实现

每个学生都具有不同的学习能力和兴趣爱好。教师在设计教学目标时应充分考虑学生的个性化差异，根据学生的实际情况制定个性化的教学目标。例如，对于数学基础较差的学生，教师可以设定较低的教学目标，逐步提高他们的学习兴趣和自信心；对于数学基础较好的学生，教师可以引导他们探索更深层次的知识，培养他们的创新能力和独立思考能力。

（四）教给方法，培养学生自主探索的能力

学生学习数学的过程是一种旧知识不断整合、与新知识不断碰撞的过程。在这一过程中，学生已有的认知结构与新学习的数学知识发生交互作用形成新的认知结构。在教师的指导下获得新的知识，这就是掌握数学知识的内在规律和联系的最好方法。例如教师在教授《三角形的认识》时，可以指导学生自己分析、比较事物的形状发现和认识"三角形"，在充分感知的基础上抽象概括出三角形的意义。学生学会"从生活情境中抽象出各种图形"这一思维方法后就能主动地从生活出发找到相关的信息提出有关的数学问题。只有真正使学生掌握方法，才能促进知识运用能力以及思维能力的提高。因此教师在教学过程中要把学习方法放在重要的位置上。教师除了让学生学会读数学、听数学、讲数学之外更要培养好学生的观察能力、思维能力、空间想象能力、解题能力和一题多解的能力等。并充分利用知识本身所特有的逻辑力量来影响学生的智能发展，使课堂教学成为培养学生聪明才智的广阔天地。

（五）注重培养学生良好的学习习惯

良好的学习习惯可以使学生受益终身。培养学生认真思考、积极发言及对他人倾听的习惯非常重要。因此教学中应给每个学生发表见解的机会并且鼓励学生积极举手发言提出自己的问题。例如教师要求学生上课时要做到专心听讲；听同学回答问题时要集中注意力，善于倾听别人的回答并做出自己的判断；当有疑难问题时鼓励学生大胆发言，同时要求其他学生对提出的问题勇于发表自己的观点

和看法，养成与他人交流与探讨的习惯等，从而促进学生主动学习探究知识形成良好的学习习惯和思考习惯。

第二节　小学数学教学方法创新的策略

一、创新教学理念

传统的小学数学教学方式是以教师为中心，教师单方面地传授知识，学生被动地接受知识。这种教学方式忽视了学生的主体地位，不利于学生主动性和创新能力的培养。要实现小学数学教学方法的创新，首先要从教学理念上进行创新。教师要树立以学生为中心的教学理念，注重培养学生的主动性和创新能力，让学生成为学习的主人。同时，教师还要注重培养学生的数学思维能力和解决问题的能力，让学生学会用数学思维去思考问题，用数学方法去解决问题。

二、创新教学内容

传统的小学数学教学内容比较单一，大多是围绕着教材进行，缺乏针对性和实效性。为了实现小学数学教学方法的创新，教学内容也要进行相应的创新。教师要根据学生的实际情况和社会需求，选择适合学生的教学内容，注重内容的实用性和趣味性，让学生通过学习能够解决实际问题，增强学生的学习兴趣和自信心。同时，教师还要注重教学内容的层次性和递进性，让不同层次的学生都能够得到发展和提高。

三、创新教学方式

传统的小学数学教学方式大多是教师讲授、学生听讲，缺乏互动和交流。为了促成小学数学教学方法的创新，教学方式也要进行相应的创新。教师要采用多种教学方式相结合，如情境教学、互动教学、合作探究等，让学生通过多种方式进行学习，增强学生的学习体验和感受。同时，教师还要注重学生的个体差异，根据学生的不同特点和需求，采用不同的教学方式，让每个学生都能够得到适合自己的发展。

四、注重实践教学

在当今教育改革的浪潮中，小学数学教学方法的创新显得尤为重要。传统的教学方式往往忽视了学生实践能力的培养。为了激发学生的学习兴趣，教师需要在小学数学教学中注重实践教学，实现教学方法的创新。实践教学是一种以学生为中心，通过实际操作、探究、发现来学习数学的教学方式。它不仅能够帮助学生更好地理解数学知识，还能够培养他们的观察能力、思维能力和创新能力。实践教学可以让学生更加直观地感受数学的美妙和乐趣，激发他们的学习兴趣和求知欲。

教师可以通过创设与生活实际紧密相关的教学情境，引导学生进入实践学习的状态。例如，在学习"长度单位"时，可以让学生亲自测量教室的长、宽、高，或者让他们用尺子量一量自己的身高、课桌的长度等。这样的实践活动不仅能够让学生更加深入地理解长度单位的概念，还能够培养他们的实际操作能力。

教师还可以设计一些有趣的数学实验，让学生在动手操作的过程中探究数学规律，发现数学奥秘。例如，在学习"图形与变换"时，可以让学生利用图形卡片进行旋转、平移、翻折等操作，观察图形的变化规律。这样的数学实验不仅能够帮助学生更好地掌握数学知识，还能够培养他们的探究精神和创新能力。

五、创设生活化情境

数学来源于生活，生活中处处有数学。教师在数学教学中创设生活化情境，能激发学生的求知欲望，让学生学会探索、学会思考。教师在教学中要善于联系生活实际，合理创设教学情境，使学生在学习中感悟知识，从而激发学习兴趣，调动学习情感，激活探究欲望。如在教授"角的初步认识"时，课前在教室内张贴一些含有角的物品的挂图或贴画，并带领学生参观。然后请学生观察教室内这些熟悉的物品或挂画中角的特点。上课时再请学生根据自己的生活体验和已有的知识经验来描述什么是角。在充分描述的基础上，师生共同归纳出角的定义。这种教学方式既结合了教学内容，又营造了良好的教学气氛，同时还拉近了师生之间的心理距离。这种教学方式生活化的教学策略让学生将实际问题抽象成数学模型，让学生在课堂上自由大胆地发挥自己的想象力，进一步体会到数学的巨大魅力。

六、灵活运用教材

教材是实现教学的重要资源,但教材内容并不一定完全适合学生的实际需要。教师在教学中要善于灵活运用教材,对教学内容进行适当的重组。如在教学"百分数的意义"时,教师可对教材进行适当的重组,先让学生汇报课前收集的百分数,再让学生根据收集的百分数说说生活中哪些事物跟这些百分数有关,进而揭示百分数的意义。重组后的教学内容具有很强的时代感,有利于增强学生的民族自信心和自豪感。可见教师在使用教材上必须打破"以本为本"的传统思想,要根据既定的教学目标和学生的学习需要,对教材进行合理的改编、整合、补充。另外,在教学中还应注重培养学生的学习方法与学习数学的兴趣,激励学生积极思考。教师要利用数学基本关系、定律和性质等进行总结和概括,使学习方法通俗易懂;教师还可针对学生学习上的实际困难做出具体指导。只有方法得当,才能提升学生的学习能力与兴趣。

七、组织有效的动手操作

数学教学具有一定的抽象性,学生直接感知的数学知识较少。因此,教师要根据小学生的认知特点、思维方式,以直观教学为主。在数学教学中适当组织学生动手操作,让学生在动手操作的过程中发现规律、概括特征、掌握知识、发展思维、培养能力。如在教授"长方体的认识"时,教师可组织学生通过看一看(观察模型)、摸一摸(实物)、搭一搭(长方体框架)等活动来认识长方体的特征。这样的动手操作活动有利于激发学生的求知欲和好奇心,有利于培养和发展学生的思维能力及创新意识。

八、倡导合作交流的学习方式

新课程标准指出:"动手实践、自主探索与合作交流是学生学习数学的重要方式。"因此教师要转变观念,把学习的主动权交给学生,鼓励学生通过合作交流的方式主动探究新的数学知识。在合作交流中教师要善于启发、引导并根据学生的交流活动及时调整教学策略。如在教学"三角形的面积"时,教师可组织学生以小组合作的方式探讨如何用两个完全一样的锐角三角形拼成一个平行四边形并推导出它的面积计算公式。在小组讨论交流的过程中教师要鼓励学生大胆发表自己的意见，积极参与探究新知的过程。同时教师还要引导学生主动参与评价交流，以利于学生互相学习优点、改正不足、共同提高。

九、注重培养学生的思维能力

小学数学教学从广义上来说应着眼于学生整体素质的提高，从狭义上来说则要培养学生的逻辑思维能力与初步的空间观念。因此教师在教学中要注意发挥学生的智力因素，帮助学生挖掘知识间的相互联系并适时适度地引导点拨。在课堂教学中适时适度地引导点拨能帮助学生的思维得以发散延伸，而启发思维就要求教师在课堂教学中要善于引导、启迪。如在讲解应用题时教师可根据问题从不同的角度进行分析；教师可以要求学生从不同思路去探讨解题途径；教师也可让学生进行"一题多解"的练习来训练思维的求异性与广阔性；教师还可以利用分析、综合的方法把看似不相关的知识点有机地结合起来。

十、设计有思维深度的题目

学生在完成课堂练习时，能准确地把握思维训练的时机并让学生进行有针对性的训练；教师在教学过程中应不断更新教学形式、变换训练角度以充分调动学生的学习积极性并帮助他们形成正确而牢固的数学概念。教师还可设计一些具有探究性与挑战性的问题以激发学生对问题的思考并有意识地为他们创设提出问题的情境来激发他们的求知欲。在提问过程中教师应重视问题的设计和问题的安排要有层次性；教师对学生回答问题后做正确的评价及适时点拨并教给学生一些解决问题的方法与思路；教师还要注意引导学生从多角度、全方位去思考问题并培养他们思维的灵活性及敏捷性；此外，教师还要注意培养学生思维的严谨性及深刻性并要求他们解题时要有严密的步骤及书写格式等。

十一、活跃课堂氛围

（一）引入游戏化教学

游戏化教学是一种将游戏元素融入课堂教学中的教学方法，它能够激发学生的学习兴趣，提高学生的参与度。教师在小学数学教学中可以根据教学内容设计一些有趣的数学游戏，让学生在游戏中学习数学知识，从而活跃课堂氛围。例如，教师可以设计一些数学谜语、数学接龙等游戏，让学生在游戏中思考、交流和表达，提高他们的思维能力和表达能力。

（二）创设生活化情境

数学是一门与生活密切相关的学科，许多数学知识都源于生活。教师在小学数学教学中可以创设一些生活化情境，将数学知识与生活实际相结合，让学生更容易理解和掌握数学知识。例如，教师可以利用生活中的购物场景，让学生模拟购物过程，计算购物所需的金额和找零金额，从而学习加减法运算。这样不仅能够激发学生的学习兴趣，还能够增强他们的实际应用能力。

（三）注重互动与交流

教师在小学数学教学中需要注重与学生之间的互动与交流，鼓励学生表达自己的想法和观点，增强学生的自信心和表达能力。教师可以通过提问、讨论、小组合作等方式与学生互动交流，引导学生思考和探索数学知识。同时，教师还需要关注学生的表现和反应，及时给予反馈和指导。

（四）利用多媒体技术

多媒体技术能够将声音、图像、视频等多种形式的信息结合在一起，具有生动、形象、直观等特点。教师在小学数学教学中可以使用多媒体技术来呈现数学知识，激发学生的学习兴趣和好奇心。例如，教师可以利用多媒体技术制作课件、动画等，将抽象的数学知识转化为生动形象的画面。

十二、完善评价机制

（一）评价机制的重要性

评价机制是教学过程中的重要组成部分，它能够帮助学生了解自己的学习情况，发现自己的优点和不足，从而更好地调整学习策略。同时，评价机制也能够为教师提供教学反馈，帮助教师了解教学效果，发现教学中的问题，从而不断改进教学方法。

（二）小学数学教学方法创新的策略

1. 注重过程评价，关注学生发展

在传统的教学评价中，往往只关注学生的学习成绩，而忽略了学生的学习过程。这种评价方式容易让学生只关注分数，而忽略了学习能力的培养。在教学方法创新中，应该注重过程评价，关注学生的发展。教师在教学过程中应该关注学

生的学习态度、学习方法、合作能力、创新能力等方面，给予学生客观、公正、合理的评价，帮助学生发现自己的优点和不足，从而更好地调整自己的学习状态。

2. 引入多元化的评价方式

传统的评价方式往往只注重学生的考试成绩，而忽略了其他方面的能力。在教学方法创新中应该引入多元化的评价方式，如自我评价、小组评价、教师评价、家长评价等。多元化的评价方式能够更全面地了解学生的学习情况，发现学生的优点和不足，从而更好地指导学生进行学习。同时，多元化的评价方式也能够激发学生的学习兴趣，提高学生的学习积极性。

3. 注重实践应用，强化评价的实践性

小学数学是一门实践性很强的学科，教师在创新教学方法中应该注重实践应用，强化评价的实践性。教师应该鼓励学生将所学的数学知识应用到实际生活中。在评价过程中，也应注重实践性的评价方式，如实践操作、问题解决等。通过实践性的评价方式，能够更好地了解学生的实践能力、应用能力等方面的情况。

十三、利用现代教育技术

随着现代教育技术的不断发展，越来越多的教师开始将多媒体教学、网络教学等现代教育技术应用于小学数学教学中。这些技术的应用可以为学生提供更加丰富、生动的数学学习资源，增强课堂教学的趣味性，同时也有助于提高学生的数学思维能力。例如，教师可以利用多媒体课件展示数学概念、公式等的形成过程，帮助学生更好地理解数学知识；教师可以利用网络平台开展在线教学，让学生随时随地学习数学知识；教师还可以利用数字故事、动画等形式展示数学问题，激发学生的学习兴趣。

十四、开展课外数学活动

课外数学活动是小学数学教学的重要组成部分，也是教学方法创新的重要途径之一。教师通过开展课外数学活动，可以增强学生的数学应用能力，培养他们的数学思维和创新能力。例如，教师可以组织学生参加数学竞赛、数学社团、数学夏令营等活动，让学生在实践中学习数学知识；教师还可以引导学生利用数学知识解决生活中的实际问题，如测量建筑物的高度、计算最佳路径等，从而增强学生的数学应用能力。

十五、利用错题资源

错题资源是教学方法创新的重要途径之一。通过对错题资源的利用，可以帮助学生更好地理解数学知识，提高他们的解题能力和思维能力。首先，教师可以引导学生对错题进行分类整理，以便更好地掌握自己的薄弱环节。其次，教师可以利用多媒体课件展示错题，帮助学生更好地理解错题的原因和解决方法。最后，教师可以鼓励学生利用错题资源进行再学习、再思考，以便更好地掌握数学知识。

十六、课前精准把握

教师在备课时，应精准把握教材，深入挖掘教材内涵，对教学环节进行精心设计。首先，教师应全面了解学生的学习情况，根据学生的知识水平，合理设计教学方案。其次，教师应注重培养学生的数学思维，引导学生运用数学思维解决实际问题。最后，教师还应注重培养学生的创新能力，让学生在数学学习中发挥主观能动性，积极思考、大胆创新。

十七、课中精心设计

教师在课堂教学中应注重教学方法的创新。首先，教师应注重导入环节的设计，通过创设情境、设置问题等方式，引导学生进入学习状态。其次，教师应注重教学过程的层次性，针对不同水平的学生，设计不同难度的问题，让每个学生都能在课堂中获得成就感。最后，教师还应注重课堂互动，鼓励学生积极参与课堂讨论，引导学生发表自己的观点和想法。在课后反思中不断完善教学过程，不断提升自己的教学水平。

十八、课后有的放矢进行作业改革

教师应对作业进行改革，改变传统的机械重复的作业形式，设计一些具有探索性和开放性的题目，让学生通过观察、分析、讨论、总结，培养自己的创新意识和实践能力。同时，教师还应注重作业的针对性，针对不同水平的学生设计不同难度的作业，让每个学生都能在作业中获得提升。此外，教师还应注重作业的评价和反馈，及时了解学生的学习情况，针对出现的问题进行及时指导，帮助学生解决学习中遇到的问题。

第三节 小学数学教学方法的创新应用

一、游戏化教学方法的创新应用

（一）小学数学游戏化教学的定义

小学数学游戏化教学是指将数学知识、技能与游戏机制相结合，通过游戏化的教学手段，让学生在游戏中学习数学知识、提高数学技能，同时培养数学思维能力和解决问题的能力。这种教学模式将学习变得更加有趣和生动，能够激发学生的学习兴趣和积极性，提高学习效果。

（二）小学数学游戏化教学的特点

1. 寓教于乐

小学数学游戏化教学的核心特点是寓教于乐。通过游戏的方式，让学生在愉快的氛围中学习数学知识，将枯燥的数学内容变得生动有趣。这种教学方式能够激发学生的学习兴趣，使他们更加主动地参与到学习中来。

2. 互动性强

游戏化教学具有很强的互动性。在游戏中，学生需要与其他同学或教师进行互动，共同完成任务和挑战。这种互动能够帮助学生更好地理解数学知识，提高他们的思维能力和解决问题的能力。

3. 个性化学习

小学数学游戏化教学注重个性化学习。根据学生的兴趣、能力和需求，为他们提供不同难度和类型的游戏任务。这种个性化学习能够满足学生的不同需求，使他们在游戏中获得更好的学习体验。

4. 及时反馈

学生在游戏化教学中可以随时获得自己的学习成果和反馈。这种及时反馈能够帮助学生及时了解自己的学习情况，发现问题并进行改进。同时，教师也能够根据学生的学习反馈，及时调整教学策略，提高教学效果。

5. 跨学科融合

小学数学游戏化教学注重跨学科融合。通过将数学与其他学科（如语文、科学等）相结合，设计跨学科的游戏任务。这种跨学科融合能够帮助学生更好地理解数学知识的实际应用，提高他们的综合素质。

（三）游戏化教学的意义

1. 激发学习兴趣, 提高学习积极性

对于小学生而言, 游戏是他们日常生活中不可或缺的一部分。教师将游戏元素融入数学教学中, 能够极大地吸引学生的注意力, 使他们在轻松愉快的氛围中学习数学知识。通过游戏化教学, 学生可以在玩耍中不自觉地掌握数学知识, 从而激发他们对数学学习的兴趣, 提高学习积极性。

2. 促进知识内化, 提高学习效果

传统的数学教学方式往往注重知识的灌输, 而忽视了学生的主动参与和思考。而游戏化教学则强调学生的主体地位, 让学生在游戏中主动探索、发现、解决问题。学生通过游戏可以更加深入地理解数学知识, 将其内化为自己的知识体系, 从而提高学习效果。

3. 培养数学思维能力, 提高解决问题的能力

数学是一门需要高度思维能力的学科。学生通过游戏化教学可以在游戏中锻炼自己的逻辑思维、空间想象、归纳分类等数学思维能力。同时, 游戏中的问题和挑战也需要学生运用所学的数学知识进行解决, 从而提高他们解决问题的能力。

4. 增强团队协作能力, 培养集体意识

在游戏化教学中, 很多游戏都需要学生之间进行合作才能完成。这种合作不仅可以锻炼学生的团队协作能力, 还可以培养他们的集体意识。学生在游戏中需要相互帮助、相互支持, 共同面对挑战, 这种经历将对他们未来的学习和生活产生深远的影响。

5. 适应时代需求, 促进教育创新

随着科技的不断发展, 社会对人才的需求也在不断变化。游戏化教学作为一种新兴的教学模式, 符合时代的需求, 为培养具有创新精神和实践能力的人才提供了有力支持。通过游戏化教学, 教师可以更好地适应时代的需求, 推动教育创新的发展。

（四）游戏化教学方法的创新应用

1. 创设游戏情境, 激发学生的学习兴趣

教师可以根据教学内容, 创设一些与数学知识相关的游戏情境, 让学生在游戏中学习数学知识。例如, 教师可以组织学生进行"找朋友"的游戏, 将学生分成若干小组，每组选出一名代表，代表在黑板上写出自己心目中的好朋友的数学特征，其他小组的同学则需要根据这些特征进行判断，猜出这位同学心目中的好朋友是谁。通过这样的游戏情境，能够激发学生的学习兴趣，提高学生的数学应用能力。

2. 利用信息技术手段，丰富游戏化教学资源

信息技术的发展为游戏化教学提供了更多的资源和技术支持。教师可以利用多媒体、网络等信息技术手段，制作一些生动有趣的数学游戏课件，丰富游戏化教学资源。例如，教师可以利用动画制作软件制作一些动态的数学题目，让学生通过答题闯关的方式进行学习。同时，教师还可以利用网络资源，为学生提供一些有趣的数学小游戏，让学生在课余时间进行学习。

3. 引导学生参与游戏设计，发挥学生的主体作用

在游戏化教学中，教师可以引导学生参与游戏设计，发挥学生的主体作用。例如，教师可以组织学生共同设计一些与教学内容相关的数学游戏，让学生在游戏中亲身体验、自主探索。这样不仅能够培养学生的创新能力和团队协作精神，还能够提高学生的学习积极性。

4. 建立游戏化教学的评价体系，促进教学反思和改进

游戏化教学也需要建立相应的评价体系，对教学效果进行评估和反馈。教师可以通过问卷调查、学生互评、教师点评等方式，了解学生对游戏化教学的感受和反馈，从而及时调整教学内容和方法，促进教学反思和改进。

二、任务化教学方法的创新应用

（一）任务化教学方法的概念

任务化教学方法是一种以任务为核心的教学方式，它强调学生在完成任务的过程中学习知识、掌握技能。具体来说，就是教师根据教学内容设计一系列任务，引导学生通过完成这些任务来掌握数学知识，提高数学能力。

（二）任务化教学方法的特点

1. 实践性

任务化教学方法强调学生的动手能力和实践操作能力，让学生在完成任务的过程中，通过亲身实践来掌握数学知识。

2. 自主性

任务化教学方法鼓励学生自主学习、自主探究，充分发挥学生的主观能动性。

3. 合作性

任务化教学方法鼓励学生合作学习，通过小组合作、集体讨论等方式，培养学生的合作意识和团队精神。

（三）任务化教学方法在小学数学中的应用

1. 任务设计

任务设计是任务化教学方法的关键环节，教师需要根据教学内容和学生的实际情况，设计出符合教学目标和要求的任务。教师在设计任务时需要注意以下几点：首先，任务要具有趣味性和挑战性，能够激发学生的学习兴趣；其次，任务要具有层次性和开放性，能够满足不同学生的需求；最后，任务要与教学内容紧密相关，能够帮助学生掌握数学知识。

例如，教师在教授"长方体和正方体的认识"这一课时，可以设计一个"寻找生活中的长方体和正方体"的任务，让学生通过观察生活中的物品，了解长方体和正方体的特点。这样的任务既有趣味性，又能够帮助学生掌握数学知识。

2. 任务实施

任务实施是任务化教学方法的第二个环节，也是最为关键的环节。在实施任务时，教师需要对学生进行合理的分组，让学生以小组为单位完成任务。同时，教师还需要对学生进行适当的引导和帮助，确保学生能够顺利完成任务。

例如，教师在教授"图形的平移和旋转"这一课时，可以设计一个"制作平移和旋转的动画"的任务，让学生通过小组合作，将图形进行平移和旋转，并制作成动画。这样的任务既能够锻炼学生的动手能力，又能够帮助学生掌握图形的平移和旋转的知识。

（四）小学数学任务化教学方法的应用现状

目前，任务化教学方法在小学数学教学中得到了广泛应用，但也存在一些问题。首先，部分教师对任务化教学方法的理解不够深入，导致设计出的任务缺乏针对性和实效性。其次，部分教师过于注重任务的完成情况，而忽略了学生在完成任务过程中的情感体验和思维发展。最后，部分教师缺乏对任务化教学方法的深入研究和实践，导致教学效果不理想。

（五）小学数学任务化教学方法的创新应用

为了解决上述问题，实现小学数学任务化教学方法的创新应用，教师可以从以下几个方面入手：

1. 注重任务设计的针对性和实效性

教师在设计任务时，要充分考虑学生的实际情况和教学内容的特点，设计出具有针对性和实效性的任务。同时，要注重任务的难易程度和梯度性，逐步提高学生的数学能力。

2. 注重学生的情感体验和思维发展

教师在设计任务时要注重学生的情感体验和思维发展，让学生在完成任务的过程中感受到数学学习的乐趣和价值。同时，要鼓励学生独立思考、自主探究，培养学生的创新精神和思维能力。

3. 引入多元化的教学方式

为了激发学生的学习兴趣和积极性，教师可以引入多元化的教学方式，如游戏化教学、情境教学、问题式教学等。这些教学方式可以让学生在轻松愉快的氛围中完成任务。

4. 加强教师培训

学校应该加强对教师的培训，提高教师的专业素质和教学能力。通过培训，教师可以更好地理解任务化教学方法的内涵和特点，掌握设计任务的方法和技巧。同时，学校应该鼓励教师进行教学实践和研究，不断总结经验教训，不断完善任务化教学方法。

5. 结合信息技术，丰富教学手段

随着信息技术的不断发展，多媒体教学、网络教学等现代化的教学手段已经逐渐普及。在任务化教学方法中，教师可以结合信息技术，丰富教学手段。例如，教师可以利用多媒体技术展示图形的动态变化过程，帮助学生更好地理解图形的性质；可以利用网络平台进行教学互动，增强师生之间的交流和沟通。

6. 结合生活实际，提高学生的学习兴趣

数学知识与生活息息相关。教师在任务化教学中可以结合生活实际，设计具有趣味性和挑战性的任务。例如，教师在教授"平均数与条形统计图"这一课时，可以设计一个"调查班级同学喜欢的运动项目"的任务，让学生通过统计调查结果，制作条形统计图和分析平均数，从而更好地了解同学们的兴趣爱好。

三、生活化教学方法的创新应用

（一）小学数学生活化教学的内涵

小学数学生活化教学是将数学教育与现实生活紧密联系起来，通过引入学生熟悉的生活情境和感兴趣的事物，让学生在亲身实践中学习和理解数学，从而体验到数学的应用价值和魅力。这种教学模式强调从学生的生活经验出发，将抽象的数学知识转化为具体、直观的生活实例，旨在培养学生的数学应用能力、逻辑思维能力以及解决实际问题的能力。

（二）小学数学生活化教学方法的创新应用

1. 教学内容生活化

小学数学教学内容应该与学生的日常生活紧密相连，让学生感受到数学在生活中的重要性。例如，教师在学习"长度单位"时，可以让学生用尺子测量自己的身高、手臂长度等，从而更好地理解长度单位的概念。在学习"货币换算"时，可以让学生了解货币在生活中的实际应用，如购物、换钱等。通过将教学内容与日常生活相结合，可以激发学生的学习兴趣。

2. 教学方法生活化

传统的教学方法往往以教师讲授为主，而忽视了学生在学习中的主体地位。生活化教学方法要求教师将教学活动与日常生活联系起来，引导学生通过观察、思考、实践等方式自主探究数学知识。例如，教师在学习"统计图"时，可以让学生统计自己家庭一周的用水量、用电量等数据，从而掌握统计图的基本知识和应用方法。这种教学方法能够培养学生的实践能力和创新意识。

3. 教学评价生活化

教学评价是小学数学教学的重要组成部分，生活化教学评价能够更好地反映学生的学习情况和进步。教师可以通过观察学生在日常生活中的应用数学知识来评价学生的学习效果，如学生在购物时是否能够正确使用货币、是否能够根据数据做出正确的判断等。这种评价方式能够激发学生的学习兴趣和自信心。

四、情境化教学方法的创新应用

（一）情境化教学方法的含义

情境化教学是一种新型的教学方法，主要是指教师通过创设生动、有趣的教学情境，引导学生参与学习活动，进而帮助学生理解教材知识，提高学生学习兴趣和动力的教学方法。情境化教学方法在小学数学教学中的运用，有利于帮助学生更好地理解和掌握数学知识，培养学生的数学思维和问题解决能力。

（二）小学数学情境化教学方法的创新应用

1. 利用生活实例创设情境

小学数学是一门基础学科，也是一门应用性很强的学科。教师在小学数学教学中应该注重利用生活实例创设情境，让学生感受到数学知识的实用性和价值性。例如，在学习"认识人民币"时，教师可以利用生活实例创设情境，让学生模拟购物场景，认识人民币的面值、单位换算等知识。

2. 利用游戏创设情境

小学生正处于身心发展的初级阶段，具有好动、好奇、好玩的特点。教师在小学数学教学中可以利用游戏创设情境。例如，教师在学习"加减法运算"时可以组织学生进行"找朋友"的游戏，让学生通过游戏进行加减法运算练习。

3. 利用多媒体技术创设情境

随着信息技术的发展，多媒体技术已经广泛应用于教育领域。教师在小学数学教学中可以利用多媒体技术创设情境，将抽象的数学知识转化为生动、形象、直观的形式。例如，教师在教授"图形的运动"时可以利用多媒体技术展示图形的运动过程和规律，进而帮助学生更好地理解和掌握数学知识。

五、互动式教学方法的创新应用

（一）小学数学互动式教学的内涵

小学数学互动式教学是以学生为主体，教师和学生之间相互交流和互动为特点的教学方式。这种教学模式旨在激发学生的学习兴趣，提高课堂效果，培养学生的思维能力和解决问题的能力。互动式教学通过优化"教学互动"的方式，即通过调节师生关系及其相互作用，形成和谐的师生互动、生生互动、学习个体与教学中介的互动，强化人与环境的交互影响，以产生教学共振，达到提高教学效果的一种教学结构模式。

在小学数学课堂中，互动式教学的实施办法包括理论学习、教研引领、赛课推动、典型示范、交流研讨和评价激励等步骤，以确保教学方式的转变和有效实施。其主要内容包括尝试采用"问题—回答—推理"的教学模式，让学生保持持续的高度思考，不断加深对学习内容的理解。同时，通过"概念—解释—实践"的教学模式，让学生深入理解各种数学概念，并能从实践中学习和掌握数学知识。此外，培养学生的自主性，增加学生之间的互动沟通，师生之间教师扮演引导者、督促者和反馈者的角色，让学生能够多方地参与学习。

互动式教学的应用能够激发学生的学习兴趣，培养他们的自主学习能力，提高数学学习的效果。通过提问、讨论、游戏等方式引导学生积极参与，激发他们的学习兴趣。例如，在学习整数的概念时，教师可以设计一个小组游戏，让学生通过比赛的方式巩固对正整数和负整数的理解。这样的互动方式既能够增加学生的参与度，又能够提高他们的学习效果。

（二）小学数学互动式教学方法的创新应用

1.建立互动式课堂教学模式

在传统的课堂教学中，教师往往占据主导地位，学生被动接受知识。为了改变这一现状，建立互动式课堂教学模式是必要的。教师可以设计一些有趣的互动环节，如小组讨论、课堂游戏等，让学生积极参与其中，增强师生、生生之间的互动。

2.借助多媒体技术进行教学

多媒体技术可以将抽象的数学知识以生动、形象的方式展现出来。教师在互动式教学中可以利用多媒体技术进行课件展示、视频播放等，引导学生进行思考和讨论，增强教学效果。

3.开展实践活动

实践活动是培养学生实践能力、创新能力和团队协作能力的重要手段。教师在小学数学教学中可以结合教学内容，开展一些有趣的实践活动，如数学竞赛、数学游戏等，让学生在实践中加深对数学知识的理解和掌握。

（三）互动式教学方法的注意事项

1.尊重学生的主体地位

教师在互动式教学中要尊重学生的主体地位，要注重引导和启发，鼓励学生积极参与、主动思考、大胆表达自己的观点和想法。

2.注重教学评价和反馈

教学评价和反馈是教学过程中的重要环节，对于改进教学方法、提高教学效果具有重要意义。教师在互动式教学中要注重教学评价和反馈，及时了解学生的学习情况和反馈意见。

六、探究式教学方法的创新应用

（一）小学数学探究式教学的内涵

探究式教学是近年来比较热门的一种教学方法，其基本思想是让学生在教师的引导下，主动发现问题、解决问题，进而掌握知识、提高能力。小学数学探究式教学是指教师在教学过程中，根据小学生的认知能力和教学内容，采用探究式教学方法，引导学生主动探究、自主学习，进而培养学生的数学思维能力和解决问题的能力。

（二）小学数学探究式教学方法的创新应用

1. 创设问题情境，激发学生探究兴趣

小学生好奇心强、求知欲旺盛，教师在教学过程中可以利用这一特点，创设问题情境从而激发学生的探究兴趣。例如，教师在讲解"认识图形"这一节时，可以准备一些不同形状的物体，让学生观察、触摸、分类，进而提出问题："这些物体有什么共同特点？""它们在生活中有哪些应用？"等等，引导学生主动探究、自主学习。

2. 小组合作探究，培养学生合作意识

探究式教学不仅需要学生主动探究、自主学习，还需要学生之间的合作与交流。教师在教学过程中可以采用小组合作探究的教学方法，让学生共同解决问题、共同进步。例如，教师在讲解"三角形三边关系"时可以给学生一些小棒，让学生通过合作探究发现三角形三边的关系。在合作过程中，学生不仅可以学习知识、提高能力，还可以培养自己的合作意识和团队精神。

3. 联系生活实际，提高学生解决问题的能力

数学是一门与生活息息相关的学科，教师在教学过程中应该注重联系生活实际，让学生感受到数学的应用价值。例如，教师在讲解"百分数"这一节时，可以举一些生活中的例子，如超市打折、利息计算等，让学生感受到数学在生活中的广泛应用。同时，教师还可以引导学生将所学知识应用到生活中去，如计算折

扣金额、利息收益等，提高学生解决问题的能力。

七、多媒体教学方法的创新应用

（一）多媒体教学的内涵

多媒体教学是指在教学过程中，根据教学目标和教学对象的特点，通过教学设计，合理选择和运用现代教学媒体，并与传统教学手段有机组合，共同参与教学全过程，以多种媒体信息作用于学生，形成合理的教学过程结构，达到最优化的教学效果。

多媒体教学是一种现代教学模式，它利用多媒体计算机技术和视频/音频输入设备（如摄像机）等，通过结合投影仪、电子白板、音响设备、中控系统等数字教学设备，以及使用教学软件（如多媒体电子教室系统），提供图、文、声并茂甚至有活动影像的教学环境，以达到最优化的教学效果。多媒体教学的实施要求包括制作多媒体课件，这些课件要求采用多媒体技术制作，要具有教学功能，内容要符合专业或学科特点，注意吸收教育教学和科研最新成果，突出课程特色，并具备丰富的表现力、良好的交互性、较大的共享性。同时，多媒体教学要求发挥教师在教学过程的主导作用，多媒体技术是教师教学的辅助手段，教师应避免面对计算机"照屏宣讲"，而是将多媒体教学与传统板书教学有机结合，注重课堂教学效果。

多媒体教学的历史可以追溯到 20 世纪 80 年代，它的发展是基于视听教学和计算机辅助教学的基础上，旨在实施个性化教学。多媒体教学的应用不限于学校教育，还包括职业培训、企业培训等多个领域，成为现代教育不可或缺的一部分。

（二）小学数学多媒体教学方法的创新应用

1. 运用多媒体技术创设情境，激发学习兴趣

传统的小学数学教学方式往往比较单一，缺乏生动性和趣味性，很难激发学生的学习兴趣。而多媒体教学则可以通过图像、声音、动画等多种形式，创设出生动有趣的教学情境。例如，教师在讲解分数的基本概念时，可以通过多媒体技术展示一张图片，上面有一个蛋糕，要分成三份，每份大小相同，其中一份比其他两份小一些，这样的方式能够让学生更好地理解分数的概念。

2.运用多媒体技术突破难点，提高学习效果

小学数学教学中有很多难点问题，传统的教学方式很难让学生真正理解和掌握。多媒体教学则可以将抽象的问题具体化，复杂的问题简单化，帮助学生更好地理解和掌握难点问题。例如，在讲解图形的旋转和平移时，可以通过多媒体技术展示不同角度和方向的图形旋转和平移过程，让学生更好地理解旋转和平移的概念和性质。

3.运用多媒体技术拓展知识面，增强学习动力

多媒体教学则可以通过网络资源，将更多的知识引入到课堂中来，拓展学生的知识面。同时，也可以通过多媒体技术展示一些有趣的数学问题和应用案例。例如，教师在讲解百分数时，可以通过多媒体技术展示一些生活中的百分数应用案例，如商场打折、利率计算等，让学生更好地理解百分数的意义和应用。

4.运用多媒体技术加强互动，提高教学质量

传统的小学数学教学方式往往是教师讲、学生听的模式，缺乏师生之间的互动和交流。而多媒体教学则可以通过网络平台和多媒体软件，加强师生之间的互动和交流。教师可以利用多媒体技术进行在线答疑、讨论和交流，学生也可以通过多媒体技术进行自主学习和探究式学习。这样的教学方式能够更好地促进学生的学习效果和教学质量。

第五章　新视角下的小学数学教学评价

第一节　小学数学课堂评价的意义

课堂评价是小学数学教学中不可或缺的一部分，它对于提高教学质量、激发学生学习兴趣、培养学生的数学思维等方面具有重要意义。

一、小学数学课堂评价有助于提高教学质量

教学质量对于学生的数学基础和未来的数学学习有着至关重要的影响。而课堂评价，作为一种教学反馈机制，是提高教学质量的重要手段。下面将详细阐述小学数学课堂评价如何有助于提高教学质量，教师通过课堂评价，可以了解学生对知识的掌握情况，发现教学中存在的问题，并及时调整教学策略，使教学更具针对性。同时，课堂评价还能帮助教师了解学生的学习需求，以便提供更好的帮助和支持。

（一）课堂评价在了解学生知识掌握情况中的作用

1. 诊断性评估

教师可以通过课堂提问、小测验或小组讨论等形式进行课前或课中诊断性评估，以了解学生对新知识的掌握情况。这样可以帮助教师根据学生掌握的程度，适时调整教学进度和难度。

2. 反馈机制

教师根据课堂评价的结果，能够了解到学生对知识的掌握程度和薄弱环节，从而制定出更具针对性的教学策略。

（二）课堂评价在发现问题、调整教学策略中的作用

1. 发现教学中的问题

教师通过观察学生的反应、课堂讨论和作业反馈可以发现教学中存在的问题，

如教学方法是否得当、教学内容是否适合学生等。

2.调整教学策略

教师针对发现的问题，需要及时调整教学策略，如调整教学内容的难度、改变教学方法、提供额外的学习资源等，这样可以使教学更具针对性。

（三）课堂评价在满足学生学习需求中的作用

1.了解学生的学习需求

教师通过观察学生的课堂表现、与学生的交流以及学生的作业反馈，可以了解到学生的学习需求，如学生对哪些知识点感到困惑、哪些教学方法更易于接受等。

2.提供更好的帮助和支持

基于对学习需求的了解，教师可以提供更具个性化的教学方案，如提供额外的辅导、针对性的练习或小组讨论等，这不仅可以提高学生的学习效果，也能增强师生之间的互动和信任。

二、小学数学课堂评价有助于激发学生的学习兴趣

在传统的小学数学教学模式下，学生往往处于被动接受的状态，缺乏主动参与和积极思考的机会。教师通常按照教学大纲和计划进行授课，学生则被动地接受知识，缺乏对数学问题的深入思考和探索。这种教学方式在一定程度上限制了学生的思维能力和创新能力，不利于学生的全面发展。

越来越多的教育工作者认识到课堂评价在小学数学教学中的重要性。课堂评价不仅有助于教师了解学生的学习情况，还能激发学生的学习兴趣，增强他们的自信心和成就感。下面将从以下四个方面阐述小学数学课堂评价如何有助于激发学生的学习兴趣：

（一）反馈与调整

课堂评价能够提供及时、准确的反馈，让学生了解自己的学习状况和进步程度。教师可以通过课堂提问、作业批改、考试等方式，了解学生对知识的掌握情况，及时发现学生的薄弱环节，并采取相应的措施进行补救。这种反馈机制能够帮助学生调整学习策略，找到适合自己的学习方法，从而提高学习效率。

（二）增强自信心和成就感

通过课堂评价，学生能够感受到自己的进步和成长，从而增强自信心和成就

感。当学生回答正确一个问题或完成一份作业时，教师给予肯定和鼓励，能够激发他们的学习热情和动力。这种积极的反馈能够激励学生更加努力地学习，积极参与课堂活动，进一步提高自己的数学水平。

（三）激发学习兴趣和动力

课堂评价能够让学生看到自己的潜力，激发他们对数学的兴趣和动力。当学生意识到自己可以通过努力学习获得进步时，他们会更加积极主动地参与课堂活动，认真听讲、思考、探索，从而培养自己的数学思维能力和创新能力。这种积极的学习态度和习惯将有助于学生在未来的学习和生活中取得更好的成绩。

（四）培养自主学习能力

课堂评价不仅关注学生的学习成果，还注重培养学生的自主学习能力。教师可以通过布置开放性的作业和问题，引导学生自主探究和学习，培养他们的独立思考能力和解决问题的能力。这种教学方式能够让学生在自主学习的过程中获得成就感，进而提高他们的综合素质。

三、小学数学课堂评价还有助于培养学生的数学思维

数学是一门需要逻辑思考和推理的学科，它要求学生具备清晰的思维、严谨的推理和解决问题的能力。小学数学课堂不仅仅是传授知识的过程，更是培养学生数学思维的过程。课堂评价作为教学过程中的重要环节，有助于培养学生的数学思维。

第一，课堂评价可以帮助学生理解数学概念和公式。在传统的教学方式中，教师往往注重知识的灌输，而忽视了学生的理解和掌握程度。而课堂评价可以让学生对自己的学习成果有一个清晰的认识，了解自己对知识的掌握程度，从而更好地理解数学概念和公式。同时，教师也可以通过课堂评价了解学生的学习难点和问题，及时调整教学策略，帮助学生更好地掌握数学知识。

第二，课堂评价可以帮助学生掌握数学方法的应用。数学方法的应用不仅仅是解题技巧，更是解决问题的思维方式。学生通过课堂评价可以了解自己在解题过程中存在的问题，从而更好地掌握数学方法的应用。同时，教师也可以通过课堂评价了解学生对数学方法的掌握程度，帮助学生更好地运用数学方法解决问题。

第三，课堂评价可以帮助学生培养良好的数学思维习惯。数学思维是一种逻辑思考和推理的思维方式，它需要学生具备清晰、严谨、理性的思维方式。学生

通过课堂评价可以学会运用数学思维去解决问题和分析问题，培养自己的逻辑思考和推理能力。同时，教师也可以通过课堂评价了解学生的思维方式，帮助学生培养良好的数学思维习惯。

四、小学数学课堂评价还有助于促进教师的专业发展

在当今的教育领域中，课堂评价已经成为教师专业发展的重要组成部分。特别是在小学数学课堂中，有效的评价不仅有助于教师了解学生的学习情况，更能促进教师自身的专业发展。

（一）评价教师的教学优势与不足

小学数学课堂评价的一大功能是帮助教师了解自己的教学优势和不足。通过观察和分析学生的表现，教师可以获得关于自己教学方法和策略的反馈。这种反馈不仅包括学生的成绩，还包括他们对知识的理解程度，对课堂的参与度，以及他们在学习过程中的情感体验等。通过这些反馈，教师可以发现自己的教学方法是否适合学生，是否能够有效地传达知识，是否能够激发学生的学习兴趣。

教师通过课堂评价可以了解自己的教学优势，如某些教学方法的有效性，从而继续使用并优化。同时，教师也可以发现自己的不足，如某些教学方法不适合学生，需要及时调整。教师可根据评价结果进行反思，分析原因，从而提高教学效果。

（二）调整教学方法与策略

课堂评价为教师提供了调整教学方法和策略的机会。当教师了解了自己的教学优势和不足后，他们就可以根据评价结果制订相应的教学计划和策略。例如，如果教师发现自己的讲解方式过于单调，缺乏互动，那么他们就可以尝试使用更多的互动式教学方法，如小组讨论、角色扮演等，以激发学生的学习兴趣和参与度。

此外，课堂评价还可以帮助教师识别出学生普遍存在的问题和困难，从而调整教学策略以适应不同学生的学习风格和能力。例如，如果大部分学生在解决数学问题时遇到困难，教师可能需要调整教学内容和难度，或者采用更具针对性的教学方法。

（三）提高教学水平

课堂评价不仅有助于教师了解自己的教学优势和不足，调整教学方法和策略，

还能直接提高教师的教学水平。为了优化教学效果，教师需要不断地反思、调整和完善自己的教学方法和策略。这个过程需要教师不断地学习和研究，不断地提升自己的专业素养。

教师通过课堂评价还可以获得其他教师的反馈和建议。这些建议可能来自同行、教育专家或其他专业人士。这些反馈和建议可以为教师提供新的教学思路和方法，帮助教师开阔视野，提高教学水平。

（四）了解学生学习需求与特点

除了帮助教师了解自己的教学优势和不足，调整教学方法和策略外，小学数学课堂评价还能帮助教师更好地了解学生的学习需求和特点。通过观察和分析学生在课堂上的表现，教师可以了解他们的学习兴趣、学习方式、理解能力等。这些信息对于制订针对性的教学计划和提高教学效果非常重要。

同时，课堂评价还能帮助教师识别出学生的个性化需求。每个学生在学习上的需求会有所不同。教师通过课堂评价可以更好地了解每个学生的特点，从而提供更加个性化和有针对性的教学支持。

第二节　小学数学课堂教学评价标准的制定运用

一、数学课堂教学评价标准的制定

数学课堂教学评价标准的制定是提高教学质量的重要环节。为了更好地对数学课堂教学质量进行评价，教师可以构建一个有利于评价的策略。许多学者的观点意见可以大致分为以下两种常见的构建策略：

（一）分类评价

1. 教学内容

数学课堂教学的内容是评价的重要指标之一。教师需要提供高质量的教学内容，既符合课程标准，又具有创新性和挑战性。教学内容是否能够引发学生的兴趣，能否引导学生思考和探索，是评价的关键。

2. 教学方法

教师的教学方法也是评价的重要因素。是否使用多元化的教学手段，是否能

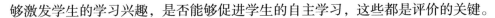

够激发学生的学习兴趣，是否能够促进学生的自主学习，这些都是评价的关键。

3. 课堂过程

课堂的氛围和过程也是评价的重要因素。教师是否能够有效地管理课堂，是否能够与学生建立良好的互动关系，是否能够引导学生积极参与课堂活动，这些都是评价的要素。

4. 效果评价

教师最后取得的教学效果也是评价的重要因素。学生是否能够理解和掌握数学知识，是否能够运用数学知识解决实际问题，这些都是评价的标准。教师可以根据学生的反馈和成绩来评估教学效果。

对于以上几个要素的评价，可以采用等级评价或建立打分制度。根据评分情况来确定是否达到了好课的要求标准。这种方法可以帮助教师了解自己的教学情况，找出教学中的优点和不足，从而改进教学方法和提高教学质量。

（二）教师与学生的行为评价

教师和学生的行为在数学课堂教学中也起着重要的作用。教师需要具备良好的教学技能和专业知识，同时还需要具备良好的课堂管理和互动能力。对教师的评价可以从教学技能、专业知识、课堂管理、互动能力等方面进行。同时，对学生的评价可以从学习态度、参与度、学习成果等方面进行。这种方法可以帮助教师了解学生的学习情况，找出教学中的问题。

这两种构建策略都有其优点和适用范围。在实际应用中，可以根据具体情况选择合适的策略，或者将两种策略结合起来使用。无论采用哪种策略，都需要考虑数学课堂教学的特点和学生学习的需求，制定出科学、合理、有效的评价标准。此外，还需要注意评价的客观性和公正性，避免主观因素的影响。通过合理的评价标准，教师可以更好地了解数学课堂教学的质量。

二、数学课堂教学评价标准的确定方法

传统的数学课堂教学评价标准已经不能满足现代教育的需求。为了适应时代的发展和教育的变化，教师需要确定一种适宜的数学课堂教学评价标准。

教学评价标准不仅应考虑学生知识和技能的掌握程度，还要考虑他们在实际应用中的能力表现，包括思维逻辑能力、解决问题的能力以及创新思维能力等。同时，也要考虑学生的学习过程是否合理、积极、有效，以及他们在学习过程中

是否能够主动参与、独立思考和合作交流。

以下是一些确定数学课堂教学评价标准的步骤和方法：

（1）明确评价目标。首先，教师需要明确评价的目标是什么。这通常包括对学生的学习成果进行评价，同时也要关注学生的学习过程和学习方法。

（2）收集信息。为了了解学生的学习情况，教师需要收集各种信息。这可能包括学生的作业、测验、考试成绩、课堂表现、小组讨论、项目完成情况等。这些信息可以帮助教师了解学生在数学学习中的表现。

（3）制定评价指标。根据收集的信息，教师可以制定出评价指标。这些指标应该能够全面反映学生的学习情况，包括知识掌握程度、技能应用能力、学习过程的有效性、学习方法的合理性等。

（4）确定权重。在制定评价指标后，教师需要确定每个指标的权重。这可以帮助教师更准确地评估学生的学习表现。一般来说，权重较大的指标应该更能反映学生的学习成果和综合能力。

（5）制定评价标准。根据评价指标和权重，教师可以制定出具体的评价标准。这些标准应该尽可能明确、具体、可操作，以便于教师和学生理解。

（6）试行和调整。教师在实施新的评价标准之前，最好先在小范围内试行一段时间，以便发现问题并进行调整。

（7）反馈和改进。实施新的评价标准后，应该收集教师和学生的反馈，以便了解新标准的适用性和有效性。如果有必要，可以对标准进行进一步调整和改进。

通过以上步骤和方法，教师可以确定一个适合现代教育的数学课堂教学评价标准。这个标准不仅可以反映出学生的知识掌握程度和技能应用能力，还可以关注他们的学习过程和学习方法，以及他们的综合能力。这样的评价标准将有助于提高数学教学的质量和效果。

三、数学课堂教学评价的标准要素

新的教育理念不断涌现，评价理论也在不断地丰富和发展。但不管教育理念如何变化，其目的都是为了更好地促进学生的发展。为了对课堂教学做出科学合理的评价，就必须有与之相适应的评价标准。为此，特制定以下数学课堂教学评价标准。

（一）课堂教学评价要素

1. 教学目标

（1）教学目标是否全面、具体、符合课程标准的要求。

（2）知识、能力、情感、态度、价值观等各方面是否达到课程标准的要求。

（3）知识点的分布是否合理，是否重视知识的发生、发展过程，是否符合学生的认知规律。

（4）教学目标是否面向全体学生，是否关注学生的差异。

2. 教学设计

（1）教学环节的安排和设计是否有利于学生的发展和学习，引发思考。

（2）教学环境是否宽松、和谐、自由、互动，是否能有效控制教学节奏与进程。

（3）教学重、难点是否突出，是否针对学生存在问题进行有针对性的教学。

（4）教学设计是否给学生足够的思考时间和空间；

（5）教学准备情况。

3. 教学过程

（1）教学过程是否体现"问题情境——建立模型——解释、应用和拓展"的基本结构；

（2）教学过程能否关注学生的表现及时调整教学策略，形成师生互动、有效互动；

（3）教学过程能否关注学生的个体差异，使每个学生都得到充分的发展；

（4）教学过程中能否面向全体学生，充分利用多媒体等多种教学手段帮助学生突破重难点；

（5）教学方法的选择和运用。

4. 教学方法与手段

（1）教学过程中是否运用现代教学思想，教学方法是否灵活多样，是否注重启发式、探究式、讨论式、参与式等多种教学方法的运用。

（2）教学过程中是否积极引导学生自主探究学习，培养学生的科学态度、创新精神和创新能力。

（3）教学过程中是否充分利用多媒体等多种教学辅助手段进行教学。

5. 教师基本功

（1）语言表达能力如何，普通话是否标准，语言是否清晰、精练、生动，富有启发性。

（2）板书设计是否合理、规范，是否有新意。

（3）教态是否自然、亲切，仪表是否得体。

（4）对学生了解多少，对学生的了解情况如何运用。

（二）确定注重的若干要素的方法和手段

对教学评价中确定注重的若干要素，要采取多种多样的方法与手段，综合考虑各种因素后再进行决断。具体来说可以采取以下几种方法：

1. 访谈法

通过与学生交流，了解大部分学生在课堂教学中关注的侧重点。访谈法是一种最直接的了解课堂教学效果的方法。教师通过访谈可以了解学生对课堂教学的真实感受和看法。同时也可以了解学生对课堂教学的期望和建议。在访谈中要注意尊重学生的人格和隐私。

2. 开卷式问卷调查法

通过问卷调查了解学生对课堂教学的看法和建议。问卷调查是一种比较客观的评价方法。在问卷调查中要设计一些开放性的问题，让学生能够自由地表达自己的看法和建议。同时也要注意问卷调查的设计要符合学生的认知特点和生活经验。通过问卷调查可以了解学生对课堂教学的需求和期望，为课堂教学评价提供参考。

3. 文献分析法

通过对大量的文献进行分析，从中选取有利于选择教学评价标准要素的信息。文献分析法是一种比较科学的研究方法。教师通过对相关文献的分析可以了解前人对于课堂教学评价的研究成果和实践经验。同时也可以了解当前课堂教学评价中存在的问题和不足之处。通过文献分析可以为课堂教学评价标准的制定提供理论支持和实践指导。

4. 专家咨询法

直接向专家咨询并从中选取有利于选择教学评价标准要素的信息。专家咨询法是一种比较直接和有效的方法。教师通过向专家咨询可以获得关于课堂教学评价的专业意见和建议。同时也可以了解当前课堂教学评价的发展趋势和前沿动态。专家咨询可以为课堂教学评价标准的制定提供专业的支持和指导。总之在确定注重的若干要素时应该采取多种多样的方法与手段进行综合考虑后再进行决断。这

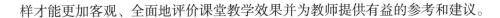

样才能更加客观、全面地评价课堂教学效果并为教师提供有益的参考和建议。

四、小学数学课堂教学评价标准的运用

（一）教学评价标准的运用原则

1. 客观公正、科学合理

评价标准的客观公正、科学合理是保证评价结果具有参考价值的前提。在运用小学数学课堂教学评价标准时，要遵循以下原则：一是客观性原则，即评价标准要真实反映小学数学课堂教学的实际情况，避免主观臆断；二是科学性原则，即评价标准要具有科学性和合理性，能够客观、全面地反映课堂教学的实际情况；三是可操作性原则，即评价标准要易于操作，能够在实际教学中得到有效应用。

2. 注重过程与结果相结合

教师在运用小学数学课堂教学评价标准时要注重过程与结果相结合，既要关注教师教学过程中的教学方法、教学组织、师生互动等环节，也要关注学生的学习效果和学业成绩。只有将过程与结果相结合，才能全面、客观地评价教师的教学水平和学生的学习效果。

3. 突出重点与全面评价相结合

小学数学课堂教学评价标准应该突出重点，即针对小学数学学科的特点和小学生认知发展水平，制定出具有针对性的评价标准。同时，也要注重全面评价，即从多个角度对教师的教学进行评价，包括教学目标、教学内容、教学方法、教学组织、教学策略、教学效果等。只有全面评价教师的教学水平和学生的学习效果，才能更好地促进教师专业发展和学生全面发展。

（二）教学评价标准的运用策略

1. 课前准备阶段

在课前准备阶段，教师要根据小学数学课堂教学评价标准的要求，认真分析教材和学情，制订出合理的教学目标和教学计划。同时，要注重教学资源的收集和整理，为课堂教学做好充分的准备。此外，教师还要注重自身的教学素养和教学能力的提升，为课堂教学提供有力的保障。

2. 课堂教学阶段

教师在课堂教学阶段要根据小学数学课堂教学评价标准的要求，认真观察和

分析学生的学习表现和学业成绩，及时调整教学策略和教学方法。同时，要注重师生互动和生生互动，营造良好的课堂氛围。此外，教师还要注重对教学资源的利用和整合，充分发挥教学资源的优势和作用。

3.课后反思阶段

教师在课后反思阶段要根据小学数学课堂教学评价标准的要求，认真分析和总结课堂教学的情况，找出存在的问题和不足之处，并提出改进措施和建议。同时，教师还要注重对课堂教学效果的评价和反思，及时调整教学计划和教学方法。此外，教师还要注重对自身教学素养和教学能力的反思和提高，不断优化自己的教学方法和手段。

小学数学课堂教学评价标准的运用对于提高小学数学教学质量、促进学生的数学学习和发展具有重要的作用。教师应在课前认真研究评价标准，明确教学目标和重点，并根据评价标准制订合理的教学计划。教师在教学过程中应根据评价标准组织课堂教学，关注学生的参与度、理解程度和反馈情况，及时调整教学策略和方法。同时，教师还应对课堂教学进行反思，总结经验教训，为今后的教学提供参考。通过这样的方式，教师可以更好地评估自己的教学效果，发现教学中的问题和不足，并采取相应的改进措施，从而提高小学数学教学质量和水平。

第三节　多元化评价体系的构建

课堂教学评价是教育评价系统的重要组成部分，对教师的课堂教学发挥着导向、诊断、反馈、改进、激励和管理等作用，对教学质量起着重要的保障作用，做好课堂教学评价是提升课堂教学质量、深化教育评价改革的关键环节。高质量的课堂教学评价离不开课堂教学评估指标体系的构建。

一、小学数学课堂教学多元化评价体系的内涵与构成

（一）小学数学课堂教学多元化评价体系的内涵

多元化评价体系是一种新型的教学评价制度，它以发展性教育评价理论为指导，以小学数学新课程标准为依据，充分体现"知识与技能、过程与方法、情感态度与价值观"三位一体的课程教学目标，通过教师评价、学生自评、学生互评等评价方式，对小学数学课堂教学过程与结果做出的客观、公正、科学、有效的

评价。它不仅关注学生的学习成绩，更重视学生的个性发展和潜能开发，注重培养学生的创新精神、实践能力和科学态度，同时也有助于提高教师的教学素质和教学能力。

（二）小学教学课堂教学多元化评价体系的构成

1. 评价主体的多元化

（1）教师评价

教师评价是小学数学课堂教学多元化评价体系的重要组成部分，主要包括对教师的教学准备、教学实施、课堂管理、教学评价方面的评价。具体包括：

①教学准备。教师是否认真备课，是否熟悉教材，是否了解学生，是否制定合理的教学目标，是否选择适当的教学方法和手段，是否准备好教具等。

②教学实施。教师是否按照教学计划组织教学，是否采用灵活多样的教学方法调动学生学习的积极性，是否注重培养学生的思维能力、创新精神和实践能力，是否注重激发学生的学习兴趣和自信心。

③课堂管理。教师是否注重课堂管理，是否建立良好的师生关系，是否尊重学生的人格和权利，是否关注学生的个体差异和不同需求。

④教学评价。教师是否注重教学评价，是否采用多种评价方式对学生进行全面、客观、公正的评价，是否注重学生的自我评价和相互评价。

（2）学生自评

学生自评是指学生在教师的指导下，对自己的学习过程和学习结果进行自我评价。通过自我评价，学生可以更深入地了解自己的优点和不足，及时调整自己的学习策略和方法，不断提高自己的学习能力和综合素质。在小学数学课堂教学中，学生自评可以通过以下方式进行：

①反思学习过程。学生可以反思自己的学习态度、学习方法、学习效果等方面，找出自己的问题和不足，提出改进措施。

②自我评估。学生可以根据教师提供的评估表或量表，对自己的学习成果进行评估，找出自己的优势和不足。

③相互比较。学生可以通过与其他同学的比较，找出自己的差距和不足。

（3）学生互评

学生互评是指学生之间相互评价的过程。学生互评可以通过以下方式进行：

①相互观察。学生可以通过观察其他同学的学习过程和学习成果，找出他们

的优点和不足。

②小组讨论。学生可以在小组内展开讨论，相互交流自己的看法和建议。

③集体评价。教师可以组织学生对整个班级的学习成果进行集体评价，找出共性问题并提出改进措施。

小学数学课堂教学多元化评价体系是一个多层次、多角度的评价体系，它注重培养学生的创新精神、实践能力和科学态度。该评价体系将教师评价、学生自评和学生互评有机结合在一起，形成一个完整的教学评价系统。该评价体系有利于提高教师的教学素质和教学能力，有利于培养学生的自主学习能力和合作精神，有利于促进小学数学课堂教学的改革和发展。

2. 评价内容的多元化

（1）教学目标是否明确具体

教学目标是课堂教学的核心，它决定了教学内容的选择、教学过程的安排以及教学评价的标准。教学目标是否明确、具体，是评价课堂教学质量的重要指标之一。教师在小学数学课堂教学中应该根据学生的实际情况和教材内容，制定明确、具体、可操作的教学目标，以确保学生在掌握数学知识的同时，也能培养他们的数学思维能力。

（2）教学内容是否具有针对性

教学内容是课堂教学的主体，它应该根据教学目标和学生的实际情况进行选择和组织。教师在小学数学课堂教学中应该根据学生的年龄特点、知识水平和学习兴趣，选择适合他们的教学内容，并注重教学内容的层次性和针对性，以满足不同学生的需求。同时，教师还应该注重教学内容与现实生活的联系。

（3）教学方法是否多样化

教学方法是实现教学目标的手段，它应该根据教学内容和学生的实际情况进行选择和运用。教师在小学数学课堂教学中应该注重教学方法的多样化，如探究式学习、合作学习、实验教学等，以激发学生的学习兴趣和积极性。同时，教师还应该注重教学方法的针对性和实效性，以提高教学效果和质量。

（4）学生参与度是否高

学生参与度是评价课堂教学质量的重要指标之一，它反映了学生在课堂上的参与程度和积极性。教师在小学数学课堂教学中应该注重营造良好的课堂氛围，激发学生的学习兴趣和积极性，并给予他们充分的思考和表达的机会。同时，教师还应该关注学生的个体差异，尊重学生的想法和意见，并给予适当的指导和帮助。

（5）教学反馈是否及时有效

教学反馈是教师和学生之间互动的重要环节，它可以帮助教师了解学生的学习情况，同时也可以帮助学生了解自己的不足之处，及时改进和提高。教师在小学数学课堂教学中应该注重教学反馈的及时性和有效性，给予适当的反馈和指导。同时，教师还应该鼓励学生主动表达自己的想法和意见，以便更好地了解他们的需求和问题。

3. 评价方法的多元化

（1）量化评价与质性评价相结合

量化评价方法可以客观地评估学生的学习成果，如考试成绩、作业完成情况等，而质性评价则可以从学生的兴趣、态度、创新能力等多个方面进行评价，更加全面地反映学生的学习情况。教师在实际教学中应将量化评价与质性评价相结合，既要关注学生的知识与技能，也要关注学生的情感态度和价值观。

（2）过程性评价与终结性评价相结合

过程性评价是对学生学习过程中的表现、态度、方法等的即时评估，可以帮助教师及时调整教学策略。终结性评价则是对学生学习成果的最终评估，可以通过考试等形式进行。教师在实际教学中应将过程性评价与终结性评价相结合，既要关注学生的学习结果，也要关注学生的学习过程与方法。

二、构建小学数学课堂教学多元化评价体系的目标

小学数学课堂教学评估指标体系旨在全面评估教师的教学质量和学生的学习效果，确保小学数学课堂教学符合课标要求，并促进学生的数学核心素养的培养。下面将从以下两个方面详细阐述构建小学数学课堂教学评估指标体系的目的。

（一）评估教师教学是否符合课标要求

1. 评估教学内容是否符合课标要求

小学数学课堂教学评估指标体系中，教师对教学内容的选择和安排应该符合课标要求，既不能偏离课标的要求，也不能超纲或难度过大。通过对教师教学内容的评估，可以保证教师在教学过程中按照课标的要求进行。

2.评估教学方法是否合理有效

教师的教学方法对教学质量的影响很大，因此评估指标体系中应关注教师教学方法的选择和运用是否合理有效。教师应当采用有利于学生理解和掌握的教学方法，如启发式教学、探究式教学等，同时也要注重培养学生的独立思考能力和创新精神。

3.评估教学组织是否科学有序

教师教学组织的科学性和有序性也是重要的评估内容。教师应当合理安排教学进度，确保教学过程的流畅性和有效性，同时也要注重课堂纪律和学生的安全。

通过构建小学数学课堂教学评估指标体系，可以对教师的教学质量进行全面、客观、准确的评估，帮助教师及时发现和改进教学中的问题，提高教学质量和效果。

（二）评估教学是否促进学生数学核心素养的培养

1.评估学生数学知识的掌握情况

小学数学课堂教学评估指标体系应关注学生对数学知识的掌握情况，包括学生对数学概念、公式、定理等的理解和运用能力。通过评估学生的数学成绩和作业完成情况，可以了解学生数学知识的掌握程度和运用能力。

2.评估学生数学思维能力和问题解决能力

数学是一门需要学生具备良好思维能力和问题解决能力的学科。小学数学课堂教学评估指标体系应关注学生数学思维能力和问题解决能力的培养情况。教师应当注重培养学生的数学思维方式和解题思路，通过设置具有挑战性和趣味性的问题情境，激发学生的学习兴趣和探索欲望。

3.评估学生数学情感态度和价值观的培养情况

除了知识和技能的培养外，小学数学课堂教学评估指标体系还应关注学生数学情感态度和价值观的培养情况。教师应当注重培养学生的数学兴趣、自信心和独立思考精神等，通过开展数学活动和交流讨论等方式，增强学生的数学情感体验和价值认同感。

教师通过构建小学数学课堂教学评估指标体系可以全面了解学生在数学核心素养方面的培养情况，及时发现和改进教学中的不足之处。同时，也可以为学校的教学管理和决策提供有力的数据支持，为教育改革和发展提供参考依据。

（三）持续评估以计算教师教学质量的增值情况

多元化评价体系需要关注教师的日常教学情况，对教师的表现进行持续的评估，并以此为基础计算教师教学质量的增值情况。这种评估方式可以帮助教师及时发现教学中的问题，并采取有效的改进措施。同时，它也可以为学校管理层提供教师教学质量的数据支持，帮助他们做出更加科学合理的决策。

（四）服务于循证教学改革

多元化评价体系应该服务于循证教学改革。这意味着评价体系应该以实证研究为基础，通过收集和分析数据，为教师提供具有针对性的教学建议。这些建议应该基于已有的研究成果和教学实践经验，能够帮助教师提高教学效果。同时，多元化评价体系还应该鼓励教师之间进行交流和合作，共同探讨教学问题，分享教学经验，形成良好的教学氛围。

（五）关注学生全面发展

多元化评价体系应该关注学生的全面发展，包括学生的知识、技能、情感、态度和价值观等方面。评价体系应该注重学生的个体差异，关注学生的进步和发展，并及时给予学生适当的鼓励和指导。这样可以帮助学生在数学学习中获得更多的成就感和自信心，激发他们的学习兴趣和动力。

（六）引入家长和社会参与

多元化评价体系应该引入家长和社会参与，形成学校、家庭和社会共同关注和支持小学数学教学的良好氛围。家长和社会应该了解和支持学校的教学工作，参与评价体系的构建和实施，为学校提供宝贵的意见和建议。这样不仅可以增强家长对学校教育的信任和支持，还可以促进学校与家庭之间的沟通和合作，共同促进学生的健康成长。

三、构建小学数学课堂教学多元化评价体系的理论依据

（一）建构主义理论

建构主义理论认为，学生的学习活动既是个体的独立行为，又是个体的社会行为。在小学数学课堂教学中，学生是教学活动的积极参与者，教师则是教学活动的组织者、指导者。在课堂教学活动中，学生不仅要与教师配合，还要与同伴合作，通过师生之间、生生之间的互动和合作，共同构建对某一问题的理解。建构主义理论为多元化评价提供了理论依据。

多元化评价可以更好地发挥学生的主体作用，调动学生的学习积极性。教师

在小学数学课堂教学中可以通过观察学生的表现、收集教学反馈的信息、分析学生的学习成果等方式，对学生的知识掌握情况、技能形成情况以及情感态度等方面进行评价。这种评价方式可以更好地了解学生的学习情况。

（二）有意义学习理论

有意义学习理论是现代教育心理学的重要理论之一，它强调学习者对知识的理解、消化和应用。教师在小学数学课堂教学中需要注重培养学生对知识的理解、应用能力，并关注学生的学习过程和方法、情感态度和价值观等方面的发展。而多元化评价正是实现这一目标的有效手段。

多元化评价通过多种评价方式，如形成性评价、表现性评价等，对学生的学习过程进行全面、客观的评价。这种评价方式不仅可以帮助学生更好地了解自己的学习情况，还可以促进教师对教学策略的调整。同时，多元化评价还可以培养学生的自信心和自尊心，激发学生的学习热情和兴趣。

（三）学习机会理论

1. 学习机会理论的概念及基本观点

学习机会理论认为，学生的学习是他们在课堂上与教师、同学以及其他教学资源的互动过程中获得、扩大和创造学习机会的过程。它强调教学过程中的师生互动，主张教师应为学生提供各种不同的学习机会，并观察学生在各种不同机会中的学习表现，以了解学生的学习状况。

2. 学习机会理论在小学数学课堂教学中的应用

（1）创造多样化的学习机会

教师在小学数学课堂教学中可以通过多样化的教学方式，如小组讨论、合作学习、实验操作等，为学生创造多样化的学习机会。同时，教师还应利用多元化的教学工具和资源，如实物模型、计算机软件等，丰富学生的学习体验。

（2）积极评价学生的表现

教师对学生的积极评价是学习机会理论的重要组成部分。教师应及时、具体、恰当地评价学生的表现，让学生了解自己的优点和不足，明确下一步的学习方向。同时，教师还应给予学生必要的帮助和指导，鼓励学生尝试不同的学习方法，创造更多的学习机会。

3.构建小学数学课堂教学多元化评价体系的重要性

小学数学课堂教学多元化评价体系是以学习机会理论为基础，以学生的全面发展为目标，通过对教学过程中的各个环节进行综合评价，以达到优化教学过程、提高教学质量的目的。多元化评价体系不仅关注学生的学习成绩，更注重学生的学习过程和学习态度，强调学生的主体地位和自主学习能力。通过多元化评价体系，教师可以更好地了解学生的学习需求和学习状况，从而调整教学策略。

四、构建小学数学课堂教学多元化评价体系的原则

（一）主体性原则

新课程标准要求教师在教学过程中要尊重和发挥学生的主体地位。在小学数学课堂教学多元化评价体系构建过程中，教师也应当尊重学生的主体地位。教师在评价过程中应当引导学生参与评价，通过自我评价和相互评价的方式，让学生成为评价的主体，从而激发学生的学习兴趣。

（二）整体性原则

小学数学课堂教学是一个整体。教师在构建多元化评价体系时也应当注重评价体系的整体性。教师应当从多个角度出发，采用多种评价方式相结合的方式，全面、客观地评价学生的学习情况。同时，教师还应当注重评价的全面性，既要关注学生的学习成绩，又要关注学生的学习过程、学习方法和情感态度等方面。

（三）指导性原则

教师在小学数学课堂教学多元化评价体系中应当注重评价的指导性原则。教师通过评价，可以了解学生的学习情况，发现学生在学习中存在的问题和不足，从而及时给予指导和帮助。同时，教师还可以根据评价结果，调整教学策略和方法。

（四）激励性原则

小学生正处于身心发展的关键时期，他们渴望得到教师的肯定和鼓励。教师在构建小学数学课堂教学多元化评价体系中应当注重评价的激励性原则。教师应当善于发现学生的优点和进步，并及时给予肯定和鼓励，从而激发学生的学习兴趣和积极性，增强学生的学习自信心。

五、构建小学数学课堂教学多元化评价体系的策略

教学评价是小学数学课堂教学中不可或缺的一部分。它不仅可以帮助教师了解学生的学习情况，更能帮助学生认识到自己的进步，明确自己的学习目标。然而，传统的教学评价体系往往单一地关注学生的成绩，而忽略了学生其他方面的能力，如创造力、问题解决能力等。为了解决这一问题，教师需要构建一个多元化的评价体系，全面地评价学生的数学学习。

（一）多元化评价体系的构建策略

1. 建立多样化的评价标准

传统的评价标准主要基于学生的成绩，这种方式显然过于单一。教师应该将多元化的评价标准纳入评价体系，如学生的课堂参与度、作业完成情况、小组合作能力、问题解决能力等。这样，教师就能更全面地了解学生的学习情况，更好地帮助他们提升自己的能力。

2. 引入学生自评和互评

让学生参与评价过程，不仅可以增强他们的参与感，更能帮助他们更好地理解评价标准，从而提升他们的学习效果。学生自评和互评可以让他们对自己的学习情况有更清晰的认识，同时也能帮助他们学习如何客观地评价他人。

3. 结合多种评价方式

除了传统的口头评价，教师还可以采用其他评价方式，如书面评价、肢体语言（如微笑、点头等）、奖励机制等。这些评价方式都可以增强评价的直观性和有效性。

（二）实施多元化评价体系的效果

实施多元化评价体系后，教师可以看到以下效果：首先，学生的参与度明显提高，他们更愿意表达自己的想法和观点；其次，学生的学习积极性被充分调动，他们更愿意主动学习、主动思考；最后，学生的综合素质得到了提升，他们的问题解决能力、合作能力等都有了显著的提高。

第六章　新视角下的小学数学教师发展

第一节　小学数学教师角色的转变

一、小学数学教师角色转变的背景

（一）教育政策与理念的更新

1. 新课程改革对数学教育的要求

新课程改革倡导以学生为中心，注重培养学生的创新精神和实践能力。对于数学教育而言，这意味着教师需要更加注重学生的数学思维和问题解决能力的培养，而不仅仅是知识的传授。小学数学教师需要不断更新自己的教育理念，从传统的"填鸭式"教学转向更加注重学生主动探究的教学方式。

2. 素质教育、创新教育等理念对数学教师角色的影响

素质教育和创新教育等理念的提出，进一步强化了小学数学教师在培养学生全面发展中的责任。素质教育要求教师关注学生的全面素质提升，而不仅仅是学术成绩；创新教育则鼓励教师培养学生的创新意识和创新能力。这些理念要求小学数学教师不仅要具备扎实的数学专业知识，还要具备跨学科的知识背景和丰富的实践经验，以便更好地引导学生进行数学探究和创新实践。

（二）信息技术的发展

1. 信息技术在小学数学教学中的应用及其对教师角色的挑战

随着信息技术的快速发展，多媒体教学、网络教学等新型教学方式在小学数学教学中得到了广泛应用。这些教学方式不仅丰富了教学手段，提高了教学效果，也对小学数学教师提出了新的挑战。教师需要掌握一定的信息技术知识，学会运用各种教学软件和平台进行教学设计和实施。同时，教师还需要具备信息素养，

能够引导学生正确运用信息技术进行学习。

2. 数字化、智能化教育背景下，数学教师需具备的技能和素养

在数字化、智能化教育背景下，小学数学教师需要具备更高的技能和素养。首先，教师需要具备信息素养，能够熟练运用各种信息技术工具和平台进行教学设计、实施和评价。其次，教师还需要具备数据素养，能够利用数据分析工具对学生的学习情况进行深入分析和诊断。最后，教师还需要具备创新素养，能够不断探索新的教学方法和策略，以适应不断变化的教育环境和学生需求。

（三）学生特点的变化

1. 当代小学生的心理、行为特点及其对数学教学的影响

当代小学生生活在一个信息爆炸的时代，他们的心理和行为特点与以往的学生有很大的不同。他们更加注重个性化和自我表达，更加喜欢互动和参与式的学习方式。这些特点对小学数学教学产生了重要的影响。教师需要更加关注学生的情感需求和心理变化，采用更加灵活多样的教学方法和手段来激发学生的学习兴趣和积极性。

2. 根据学生特点调整教学方法和策略

为了适应当代小学生的心理和行为特点，小学数学教师需要不断调整自己的教学方法和策略。首先，教师可以采用更加游戏化和情境化的教学方式来激发学生的学习兴趣和积极性。其次，教师可以引导学生进行合作学习和探究学习，培养他们的团队协作能力和创新精神。最后，教师还可以利用信息技术手段来丰富教学手段和拓展教学资源。

二、小学数学教师角色转变的表现

（一）从知识传授者到引导者

1. 知识传授者的局限性

在传统的教学模式下，小学数学教师往往扮演着知识传授者的角色。他们通过讲解、示范和练习等方式，将数学知识灌输给学生。然而，这种教学方式存在一定的局限性。首先，它忽视了学生的主体地位，学生往往处于被动接受知识的状态。其次，它缺乏对学生个体差异的关注，无法满足不同学生的学习需求。最后，它过于注重知识的记忆和模仿，忽视了对学生创新能力和实践能力的培养。

2. 引导者角色的崛起

随着教育改革的不断深入，小学数学教师的角色开始发生转变。他们不再仅仅是知识的传授者，而是成为学生的引导者。这种转变体现在以下几个方面：

（1）激发学生的学习兴趣。引导者角色的教师注重培养学生的学习兴趣。他们通过设计有趣的教学活动、引入生动的案例和故事等方式，激发学生的好奇心和求知欲。

（2）培养学生的自主学习能力。引导者角色的教师鼓励学生自主学习。他们为学生提供丰富的学习资源和工具，引导学生发现问题、分析问题、解决问题。同时，他们还注重培养学生的合作精神和团队协作能力，让学生在与同伴的交流和合作中共同成长。

（3）关注学生的个体差异。引导者角色的教师关注每个学生的个体差异。他们通过观察和评估学生的学习情况，了解学生的学习需求和特点，为学生提供个性化的学习指导。这种关注个体差异的教学方式能够更好地满足学生的学习需求，促进每个学生的全面发展。

（4）培养学生的创新能力和实践能力。引导者角色的教师注重培养学生的创新能力和实践能力。他们鼓励学生提出自己的见解和想法，尊重学生的创新精神。同时，他们还为学生提供实践机会，让学生在实践中探索知识、应用知识、创新知识。

3. 角色转变的意义

小学数学教师从知识传授者到引导者的角色转变具有重要意义。首先，它体现了教育理念的更新和教育方法的多样化。引导者角色的教师更加注重学生的主体地位和个体差异，关注学生的全面发展和创新能力培养。其次，它提高了学生的学习效果和学习兴趣。引导者角色的教师能够激发学生的学习兴趣和好奇心，培养学生的自主学习能力和创新精神，提高学生的学习效果和学习质量。最后，它促进了教师的专业成长和发展。引导者角色的教师需要具备更加丰富的教育理念和教学方法，需要不断学习和更新自己的知识结构和能力水平，从而促进教师的专业成长和发展。

（二）从课堂管理者到合作者

随着教育理念的更新和教育改革的深入，小学数学教师的角色也在悄然发生变化。传统的课堂中，教师往往扮演着课堂管理者的角色，掌控着课堂的节奏和学生的学习进程。然而，在当今的教育环境下，小学数学教师正逐渐从课堂管理者转变为学生的合作者，共同探索数学的奥秘。

1. 课堂管理者的传统角色

在过去的教学模式中，小学数学教师作为课堂管理者，主要任务是确保课堂的秩序和纪律，以及向学生传授数学知识。他们制订教学计划，设计教案，组织课堂活动，并对学生的学习成果进行评价。这种模式下，教师往往处于主导地位，而学生则相对被动地接受知识。

2. 角色转变的必要性

随着教育改革的推进和新课程标准的实施，传统的教育模式已经无法满足现代教育的需求。现代教育强调学生的主体地位，倡导自主学习和合作学习。小学数学教师需要转变角色，从课堂管理者转变为学生的合作者，与学生共同学习、共同成长。

3. 成为合作者的表现

（1）引导学生自主学习

合作者角色的教师不再简单地灌输知识，而是引导学生主动发现问题、思考问题、解决问题。他们鼓励学生提出问题，培养他们的好奇心和探究精神。同时，教师会提供适当的指导和帮助，让学生在自主学习中逐渐掌握数学知识。

（2）组织合作学习活动

合作者角色的教师会组织各种形式的合作学习活动，如小组讨论、团队竞赛等。这些活动可以让学生在与同伴的交流中互相学习、互相启发。同时，合作学习还可以培养学生的团队协作能力和沟通能力。

（3）倾听学生声音

合作者角色的教师会认真倾听学生的声音，了解他们的想法和困惑。他们会关注学生的情感需求，给予适当的支持和鼓励。这种倾听和关注可以增强学生的自信心和学习动力。

（4）共同参与课程开发

合作者角色的教师会与学生一起参与课程开发过程。他们会了解学生的兴趣和需求，结合实际情况设计教学内容和活动。这种共同参与可以让课程更加贴近学生实际。

4.角色转变的意义

小学数学教师从课堂管理者转变为合作者，不仅有利于提高学生的数学素养和综合能力，还有助于培养学生的创新精神和实践能力。同时，这种角色转变也有助于促进师生关系的和谐发展，增强学生的学习体验和幸福感。此外，这种转变还可以激发教师的创新精神和探索欲望，推动教师队伍的专业化成长。

（三）从教学执行者到研究者

传统的"教学执行者"形象正逐步被"研究者"的角色所取代。这种转变不仅体现在教学理念上，更在教学实践中得到了生动的体现。

1.教学理念的转变

传统的小学数学教师往往扮演着"知识传递者"的角色，他们的工作重点是按照教材和教学大纲，将数学知识传授给学生。然而，随着教育改革的推进，这种单一的教学理念已经不能满足现代教育的需求。现代小学数学教师开始意识到，教学不仅仅是传递知识，更是培养学生的数学思维、创新能力和解决问题的能力。现代小学数学教师开始将自己定位为"研究者"。教师不仅关注如何教好数学，更关注如何让学生通过数学学习获得全面的发展。他们开始研究学生的学习特点、兴趣爱好和认知规律，以便更好地设计教学方案，激发学生的学习兴趣和主动性。

2.教学实践的转变

在教学实践方面，小学数学教师的角色转变也表现得淋漓尽致。

（1）教师开始注重学生的参与和体验

传统的数学教学往往以教师为中心；而现在的小学数学教师则更加注重学生的参与和体验，教师通过设计各种数学活动、游戏和实验，让学生在实践中感受数学的魅力，提高学生的学习兴趣和积极性。

（2）教师开始注重学生的自主学习和探究

现代小学数学教师不再满足于仅仅将知识灌输给学生，而是更加注重培养学生的自主学习和探究能力。教师鼓励学生提出问题、探究问题、解决问题，让学生在探究过程中获得知识和能力。

（3）教师开始注重教学研究和反思

现代小学数学教师不再满足于按照教材和教学大纲进行教学，而是更加注重教学研究和反思。教师通过研究教学理论、教学方法和教学手段，不断优化自己的教学方案；同时，他们也不断反思自己的教学实践，不断提高自己的教学水平。

3.角色转变的意义

小学数学教师从教学执行者到研究者的角色转变具有重要的意义。

（1）有助于提高学生的数学素养和综合能力。现代小学数学教师通过注重学生的参与、体验和探究，以及培养学生的自主学习和探究能力，能够更好地满足学生的需求和发展潜力，提高学生的数学素养和综合能力。

（2）有助于推动教育改革的深入发展。现代小学数学教师的角色转变不仅体现了教育改革的理念和精神，更为教育改革的深入发展提供了有力的支持。现代小学数学教师通过不断研究和实践新的教学理念和方法，为教育改革注入了新的活力和动力。

（3）有助于提高教师的专业素养和职业发展。现代小学数学教师作为研究者，需要不断学习和探索新的教学理念和方法，不断提高自己的专业素养和教学水平。这种角色转变有助于促进教师的专业成长和职业发展，为教师的未来发展奠定坚实的基础。

三、应对小学数学教师角色转变的策略

（一）更新教育观念，树立以学生为中心的教学理念

现代教育理念强调学生的主体地位，要求教师在教学过程中充分尊重学生的个性和需求，激发学生的主动性和创造性。

为了实现这一转变，小学数学教师需要树立以学生为中心的教学理念。教师应关注学生的学习需求，了解学生的学习兴趣和爱好，根据学生的实际情况制订个性化的教学方案。同时，教师应鼓励学生积极参与课堂讨论，提出自己的见解和疑问，让学生在互动交流中掌握知识。

（二）加强自身学习，提高专业素养和教育教学能力

小学数学教师需要不断更新自己的知识储备和教学技能，以适应新的教学要求。为此，教师应加强自身学习，不断提高专业素养和教育教学能力。

（1）教师应关注数学学科的前沿动态，了解最新的数学研究成果和教学理念。教师可以通过参加学术研讨会、阅读专业书籍等方式，不断更新自己的知识体系，为教学提供有力的支撑。

（2）教师应注重提高自己的教学技能。教师可以通过观摩优秀教师的课堂、参加教学培训等方式，学习先进的教学方法和手段，提高自己的教学设计能力和课堂管理能力。同时，教师还应注重教学反思，及时总结教学经验，发现问题并寻求改进。

（3）教师还应关注跨学科的知识融合。教师应关注数学与其他学科的交叉点，将数学知识与其他学科知识相结合，让学生在跨学科的学习中感受到数学的魅力和应用价值。

（三）充分利用信息技术手段，创新教学方法和手段

在信息化时代，信息技术手段为小学数学教学带来了革命性的变化。教师可以通过多媒体课件、在线教学平台、智能教学软件等工具，将抽象的数学概念以生动直观的形式展现给学生。例如，利用动画模拟分数运算过程，帮助学生更好地理解分数的意义；通过在线数学游戏，让学生在轻松愉快的氛围中掌握数学知识。此外，教师还可以利用信息技术手段收集学生的学习数据，进行精准的教学分析，为个性化教学提供依据。

（四）关注学生个体差异，实施差异化教学策略

每个学生的学习速度、兴趣点、思维方式等方面都存在差异。小学数学教师需要关注学生的个体差异，实施差异化教学策略。教师可以通过观察、测试、交流等方式，了解学生的学习特点和需求，为不同层次的学生制定不同的教学目标和计划。教师在教学过程中可以采用分组教学、合作学习、个别辅导等方式，让每个学生都能在适合自己的学习环境中得到发展。同时，教师还需要关注学生的情感需求，营造和谐的学习氛围，让学生在轻松愉快的氛围中学习成长。

（五）加强团队合作与交流，共同提高教学效果

教师之间的团队合作与交流是提高教学效果的重要途径。小学数学教师可以通过参加教研活动、观摩优秀课堂、分享教学经验等方式，与同事进行深入的交流和合作。在团队合作中，教师可以互相学习、互相借鉴，共同研究教学方法和手段，解决教学中遇到的问题。通过集体备课、共同研讨等方式，教师可以形成统一的教学理念和教学目标，确保教学质量和效果。此外，教师还可以利用网络平台进行远程协作和交流，拓展教学资源和学习空间。

第二节 小学数学教师课堂领导力的提升

一、小学数学教师课堂领导力概述

（一）课堂领导力的定义

课堂领导力是指教师在课堂教学过程中，通过有效的管理和引导，促进学生积极参与、主动学习，从而实现教学目标的能力。这种领导力不仅体现在知识的传授上，更体现在对学生情感、态度和价值观的引导上。

（二）小学数学教师课堂领导力的特殊性

小学数学教师的课堂领导力具有其独特性，主要表现在以下三个方面：

1. 抽象与具象的转化

数学是一门抽象性较强的学科，小学数学教师需要具备将抽象的数学概念转化为具象、生动的教学情境的能力，以激发学生的学习兴趣和探究欲望。

2. 逻辑思维的培养

数学是逻辑思维的基础，小学数学教师在教学过程中需要注重培养学生的逻辑思维能力，引导学生通过观察、分析、推理等方式解决问题。

3. 情感与态度的引导

小学生正处于情感与态度形成的关键时期，小学数学教师需要关注学生的心理需求，通过积极的评价和鼓励，帮助学生建立自信、激发潜能。

（三）课堂领导力对小学数学教学质量的影响

小学数学教师的课堂领导力对教学质量有着直接而显著的影响，具体表现在以下三个方面：

1. 提高学生的学习兴趣

具有强大课堂领导力的教师能够营造轻松、愉快的学习氛围，使学生从被动学习转变为主动学习。

2. 促进学生全面发展

发挥有效的课堂领导力，教师能够引导学生全面发展，不仅注重知识的传授，更关注学生的情感、态度和价值观的培养。

3. 提升教学质量

具有课堂领导力的教师能够准确把握教学目标和重难点，采用灵活多样的教学方法和手段，提高教学效率和质量。

二、提升小学数学教师课堂领导力的策略

（一）增强专业素养与教学能力

专业素养和教学能力是小学数学教师课堂领导力的基石。要提升这两方面的能力，教师需要做到以下两点：

1. 加强数学专业知识的学习

数学是一门需要不断学习和探索的学科，小学数学教师需要不断更新自己的数学知识储备，了解最新的数学研究成果和教学动态。通过参加专业培训、阅读专业书籍和期刊、参与学术研讨等方式，教师可以不断提升自己的数学专业素养。

2. 提高教学方法与策略的运用能力

教学方法和策略的运用对于提高教学效果至关重要。小学数学教师应该掌握多种教学方法和策略，如探究式学习、合作学习、游戏化教学等，并根据学生的实际情况和教学需求灵活运用。同时，教师还应该注重教学反思和总结，不断优化自己的教学方法和策略。

（二）关注教育理论与教育心理学的应用

教育理论和教育心理学对于提升小学数学教师的课堂领导力具有重要意义。教师应该关注这些领域的研究成果，并将其应用于实际教学中。

1. 深入了解教育理论

教育理论是指导教学实践的重要基础。小学数学教师应该了解各种教育理论的基本观点和核心观点，如建构主义、人本主义等，并结合自己的教学实践进行深入思考和实践。通过不断学习和实践，教师可以更好地理解学生的学习需求和发展规律。

2. 灵活运用教育心理学原理

教育心理学是研究学生在学习过程中的心理现象和规律的学科。小学数学教师应该关注教育心理学的研究成果，如学习动机、学习风格、学习焦虑等，并在实际教学中灵活运用这些原理。例如，教师可以通过激发学生的学习兴趣和动机、

适应学生的学习风格、减轻学生的学习焦虑等方式来提高学生的学习效果和兴趣。

（三）建立良好的师生关系

良好的师生关系是提升课堂领导力的基础。教师可以通过以下方式来实现：

1. 尊重与关爱学生

教师应充分尊重学生的人格和个性，关心他们的成长和发展。在课堂上，教师应以平等的态度与学生交流，鼓励他们表达自己的观点和想法。同时，教师还应关注学生的情绪变化，让学生感受到温暖和关怀。

2. 营造和谐课堂氛围

一个和谐、融洽的课堂氛围能够激发学生的学习兴趣和积极性。教师可以通过创设轻松愉快的课堂环境，让学生在愉悦的氛围中学习数学。例如，教师可以运用幽默风趣的语言、生动的案例和有趣的游戏等来引导学生学习。

3. 倾听学生声音，关注学生的需求与反馈

教师应积极倾听学生的声音，了解他们的学习需求和困难。教师可以通过提问、讨论等方式引导学生表达自己的观点和想法。同时，教师还应关注学生的反馈，并根据学生的反馈及时调整教学策略和方法，最终满足学生的学习需求。

4. 鼓励学生参与课堂活动，提高学习积极性

教师应鼓励学生积极参与课堂活动。例如，教师可以设计一些互动性强、趣味性高的教学活动，让学生在参与中体验数学的乐趣。此外，教师还可以根据学生的兴趣和特长，组织一些数学竞赛、数学游戏等活动。

（四）创设丰富多样的教学活动

丰富多样的教学活动是提升课堂领导力的关键。教师可以通过以下方式来创设丰富多样的教学活动：

1. 设计符合学生认知特点的教学活动

教师应根据学生的认知特点和年龄特征，设计符合他们需求的教学活动。例如，在小学低年级阶段，教师可以运用直观形象的教具、游戏等方式来引导学生学习数学；在小学高年级阶段，教师可以设计一些具有挑战性和探究性的数学问题，引导学生进行深入思考和探究。

2. 引导学生主动探究与合作学习

教师应引导学生主动探究数学知识，培养他们的自主学习能力和创新精神。

同时，教师还应鼓励学生进行合作学习，培养他们的团队协作能力和沟通能力。教师在课堂上可以组织学生进行小组讨论、合作学习等活动，让学生在互动中学习和成长。

3. 运用现代教育技术辅助教学

教师可以运用多媒体、网络等现代教育技术辅助教学。例如，教师可以利用多媒体课件展示数学知识，利用网络资源搜集教学素材等。此外，教师还可以利用在线教学平台等现代教学工具，为学生提供更加便捷、高效的学习体验。

（五）注重评价与反思

1. 建立科学有效的评价体系

一个科学有效的评价体系，能够准确反映学生的学习状况，为教师的教学提供有力支持。教师在小学数学课堂中应注重以下两点来构建评价体系：

（1）多元化评价指标。除了传统的考试分数外，还应包括课堂参与度、问题解决能力、数学思维活跃度等多方面的评价内容。这样的评价体系更能全面反映学生的数学素养。

（2）及时反馈机制。评价不应仅仅停留在分数或等级上，而应为学生提供具体的反馈，帮助他们了解自己的长处和不足，从而有针对性地改进。

2. 引导学生进行自我评价与同伴评价

自我评价与同伴评价是培养学生自主学习能力的重要手段。教师在小学数学课堂上可以通过以下方式引导学生进行此类评价：

（1）自我评价。在课后或单元结束后，教师可以设计自我评价表，引导学生回顾自己的学习过程和成果，对自己的学习进行客观评价。这样可以帮助学生形成自我监控和自我调整的学习习惯。

（2）同伴评价。教师可以组织学生进行小组讨论或合作学习，让学生在互动中观察同伴的表现，并给出评价。这种评价方式不仅可以提高学生的观察能力，还能培养他们的团队协作和沟通能力。

3. 反思教学过程，及时调整教学策略

教学反思是提升教师课堂领导力的关键步骤。通过反思，教师可以发现教学中的不足，从而及时调整教学策略。

（1）反思教学内容。教师应关注教学内容是否符合学生的认知水平和兴趣点，是否能够有效激发学生的数学思维。如果发现问题，应及时调整教学内容和难度。

（2）反思教学方法。教师应关注教学方法是否多样化、是否能够有效促进学生的参与度和思考深度。如果教学方法单一或效果不佳，应尝试引入新的教学方法和手段。

（3）反思课堂氛围。教师应关注课堂氛围是否轻松愉悦、是否有利于学生的自主学习和探究。如果课堂氛围沉闷或紧张，应思考如何调整自己的教学风格和课堂管理策略。

三、提升小学数学教师课堂领导力的保障措施

（一）加强教师培训与研修

1. 定期组织专业培训

学校应定期组织小学数学教师进行专业培训，涵盖教学方法、教育心理学、课堂管理等方面，帮助教师更新教育理念，提升教学技能。

2. 鼓励教师参与教研活动

鼓励教师积极参与教研活动，通过集体备课、观摩课、教学研讨等形式，交流教学经验，共同研究解决教学难题。

3. 引入专家指导

邀请教育专家、优秀教师到校指导，分享先进的教学理念和方法，为教师提供针对性的指导和建议。

（二）完善学校管理与激励机制

1. 制定科学的评价制度

建立科学的教师评价制度，将课堂领导力作为教师评价的重要指标之一，激励教师不断提升自己的课堂领导力。

2. 提供良好的发展平台

为教师提供良好的发展平台，如设立教学能手、骨干教师等荣誉称号，鼓励教师积极参与教学竞赛、课题研究等活动。

3. 加强激励机制

建立合理的薪酬制度和奖励机制，对在教学工作中表现优秀的教师给予相应的奖励和激励，提高教师的工作积极性和满意度。

（三）营造良好的教育生态环境

1. 加强家校合作

加强学校与家庭之间的沟通和合作，共同关注学生的学习和发展，形成教育合力。家长的理解和支持，有助于教师更好地发挥课堂领导力。

2. 营造良好的校园文化氛围

营造积极向上的校园文化氛围，弘扬尊师重教的传统美德，让教师感受到社会的尊重和认可，增强教师的职业荣誉感和使命感。

3. 提供优质的教学资源

学校应提供丰富、优质的教学资源，如图书、多媒体设备等，为教师的教学工作提供有力支持。同时，学校应鼓励教师利用现代技术手段进行教学创新，提高课堂效果。

第三节　小学数学教师专业发展的途径

一、教师专业发展的必要性

（一）提升教学质量与效果

小学数学对于培养学生的逻辑思维能力和数学素养具有不可替代的作用。提升小学数学的教学质量，是每一位小学数学教师义不容辞的责任。而要实现这一目标，教师的专业发展是关键。

（1）通过专业发展，教师可以不断更新自己的教学理念和方法，采用更为科学、合理的教学策略。例如，教师可以通过学习现代教育技术，利用多媒体等教学手段，使数学教学更加生动、直观。

（2）专业发展还能帮助教师深入了解学生的学习需求和特点，使教学更具针对性和实效性。通过对学生学习情况的观察和分析，教师可以及时调整教学策略。

（二）应对教育变革和课程改革

新的课程标准、新的教材内容、新的教学方法等都对小学数学教师提出了新的挑战。为了适应这些变革，小学数学教师必须不断进行专业发展。

（1）教师通过专业发展可以及时了解并掌握新的教育理念和教育政策，明确自己的教学方向和目标。同时，教师还可以了解并学习新的教学方法和教学手段，以更好地适应课程改革的需求。

（2）专业发展还能帮助教师增强自身的专业素养和综合能力。在新的教育背景下，教师需要具备更为丰富的知识和技能，如跨学科知识、创新思维、批判性思维等。通过专业发展，教师可以不断提升自己的专业素养和综合能力，以更好地应对教育变革和课程改革的挑战。

二、小学数学教师专业发展的基础

（一）专业知识与技能

1. 扎实的数学基础

小学数学教师作为数学教育的引导者，必须拥有扎实的数学基础。这包括对数学概念、定理、公式等的深入理解和掌握，以及对数学思想的领悟和应用。只有具备了这样的基础，教师才能在教学中游刃有余，引导学生发现数学的魅力，培养他们的数学兴趣和素养。

2. 教学理论与方法

除了数学基础外，小学数学教师还需要掌握教学理论与方法。这包括教育学、心理学、课程与教学论等方面的知识，以及现代教育技术的应用。教师需要了解不同年龄段学生的心理特点和学习规律，选择适合他们的教学方法和手段，使教学更加科学、高效。

3. 教育心理学知识

教育心理学是研究教育过程中学生心理发展规律和特点的学科。小学数学教师需要掌握一定的教育心理学知识，以更好地理解学生的心理需求和学习动机，激发他们的学习兴趣和积极性。同时，教师还需要了解学生的学习困难和问题，并提供有针对性的帮助和指导。

（二）教育情怀与职业道德

1. 热爱教育事业，关心学生成长

教育是一项崇高的事业，需要教师全身心地投入。小学数学教师应该热爱教育事业，关注学生的成长和发展。他们应该关心学生的身心健康，关注他们的学

习和生活情况，及时发现问题并给予帮助。同时，教师还应该尊重学生的个性和差异，鼓励他们发挥自己的特长和优势，培养他们的自信心和创新能力。

2. 严谨治学，为人师表

作为教育工作者，小学数学教师应该具备严谨治学的态度和精神。他们应该认真对待每一个教学环节和每一项工作任务，精益求精、追求卓越。同时，教师还应该以身作则、为人师表，用自己的言行举止影响和感染学生。他们应该遵守职业道德规范，树立良好的师德师风，为学生树立正确的榜样和标杆。

三、小学数学教师专业发展的途径

（一）自主学习与反思

自主学习是小学数学教师专业发展的基础。教师可以通过多种途径获取学习资源，如阅读专业书籍和期刊、观摩优秀教学案例等。

1. 阅读专业书籍和期刊

阅读专业书籍和期刊是教师不断更新知识、提升专业素养的重要途径。通过阅读，教师可以了解最新的教育理念和教学方法，掌握数学学科的前沿动态。同时，书籍和期刊中的案例分析与教学技巧也能为教师提供宝贵的借鉴和启示。

2. 观摩优秀教学案例

观摩优秀教学案例是教师提升教学能力的有效方式。教师可以通过观看教学视频、参加教学观摩活动等方式，学习其他优秀教师的教学方法和技巧。在观摩过程中，教师应重点关注教学设计、课堂组织、学生互动等方面，结合自己的教学实践进行反思和借鉴。

3. 课后反思与自我评估

课后反思与自我评估是教师专业发展的重要环节。每堂课后，教师应及时总结教学过程中的得失，分析学生的学习情况和反馈，找出自己的不足之处，并思考改进措施。同时，教师还可以通过自我评估来明确自己的专业发展方向和目标，制订个性化的专业发展计划。

（二）参与培训与研讨

参与培训与研讨是小学数学教师专业发展的重要途径。通过校内外专业培训、教育教学研讨会等活动，教师可以与同行交流经验、分享成果，共同促进专业发展。

1. 校内外专业培训

校内外专业培训是教师获取新知识、新技能的重要途径。学校可以组织教师参加各类数学学科和教育教学方面的培训活动，如专题讲座、工作坊、研修班等。这些培训活动可以帮助教师了解最新的教育理念和教学方法，掌握先进的教学技术和手段。同时，教师还可以与同行交流经验、分享成果，共同提高教学水平。

2. 教育教学研讨会

教育教学研讨会是教师交流经验、分享成果的重要平台。学校可以定期组织教育教学研讨会，邀请专家学者、优秀教师等做主题报告或分享经验。在研讨会上，教师可以就教育教学中的热点问题展开讨论和交流，分享自己的教学实践和成果。通过研讨会，教师可以拓宽视野、启迪思维，提升专业素养和教学能力。

3. 线上线下教育资源共享

线上线下教育资源共享成为教师专业发展的新趋势。教师可以通过网络平台获取丰富的教学资源和信息，如教学视频、课件、试题等。同时，教师还可以利用网络平台与同行进行交流和合作，共同开发优质的教学资源。通过线上线下教育资源共享，教师可以更加便捷地获取学习资源和信息，促进专业发展。

4. 开展课题研究与实践

课题研究是教师专业发展的重要驱动力，它能帮助教师深入探索教育现象，发现教学问题，进而提出解决方案。在小学数学教育领域，课题研究的开展可以遵循以下步骤：

（1）选定研究方向

小学数学涉及的知识点广泛，教学方法多样，因此教师在选择研究方向时，应结合自身的教学经验和兴趣，关注当前教育热点和难点问题，如"基于学生认知特点的数学教学策略研究""小学数学课堂中信息技术融合的教学模式探究"等。

（2）制订研究计划

确定研究方向后，教师应制订详细的研究计划，包括研究目标、研究内容、研究方法、研究步骤和时间安排等。研究计划应具体可行，能够指导教师有序开展研究工作。

（3）实施教学实践，收集数据

在教学实践中，教师应按照研究计划开展教学活动，并注意观察、记录和分析学生的学习情况和教师的教学行为。同时，教师还可以利用问卷调查、访谈等方式收集学生和家长对教学的反馈意见，为课题研究提供丰富的数据支持。

（4）撰写研究报告，分享成果

完成教学实践和数据收集后，教师应认真整理和分析数据，撰写研究报告。研究报告应客观真实地反映研究成果，提出有针对性的建议和措施。此外，教师还可以通过教学研讨会、学术论坛等途径分享研究成果，促进学术交流与合作。

5. 合作与交流

合作与交流是教师专业发展的重要途径，它能帮助教师拓宽视野，借鉴他人经验，提升自身教学水平。合作与交流可以包括以下几个方面：

（1）与同事合作备课、研讨

备课是教学的重要环节，与同事合作备课可以共同研究教材、分析学情、设计教学方案等。通过研讨交流，教师可以相互学习、相互启发，提高备课质量。同时，教师还可以共同开展课题研究，共同解决教学中的疑难问题。

（2）与家长沟通，共同关注学生成长

家长是学生的重要监护人，与家长保持良好的沟通关系有助于教师更好地了解学生的家庭背景和学习情况。教师可以通过家长会、家访等方式与家长沟通交流，共同关注学生的成长和发展。在与家长沟通的过程中，教师还可以向家长宣传科学的教育理念和方法，提高家长的教育素养。

（3）与同行交流经验，拓宽视野

同行之间的交流是教师专业发展的重要方式之一。教师可以通过参加教学研讨会、学术论坛等活动与同行交流经验、分享成果。在交流中，教师可以拓宽自己的视野和思路。同时，教师还可以借鉴他人的成功经验，提高自己的教学水平。

（4）信息技术与教育融合

信息技术与教育的融合不仅为教师提供了丰富的教学资源和手段，也为学生创造了更加多元化、个性化的学习环境。对于小学数学教师而言，掌握现代教育技术、利用信息技术优化教学过程、引导学生利用信息技术自主学习，已成为其专业发展的重要路径。

6. 掌握现代教育技术

现代教育技术的内涵十分丰富，包括多媒体技术、网络技术、人工智能技术等。小学数学教师需要不断更新自己的知识结构，学习并掌握这些技术，以便将其有效融入日常教学中。教师可以通过参加教育培训、阅读相关书籍、参与在线学习等方式，不断提升自己的信息技术素养。

（1）利用信息技术优化教学过程

①多媒体教学。利用多媒体技术，教师可以制作生动有趣的课件，将抽象的数学概念具象化，帮助学生更好地理解和掌握知识。同时，多媒体教学还能激发学生的学习兴趣，提高课堂参与度。

②网络资源共享。互联网为教师提供了海量的教学资源，教师可以通过网络搜索、教学平台等途径获取优质的教学资源，丰富教学内容。同时，教师还可以将自己的教学经验和资源分享给同行，实现资源共享和互相学习。

③智能教学辅助。人工智能技术在教学领域的应用日益广泛，如智能题库、在线辅导等。教师可以利用这些智能教学辅助工具，为学生提供个性化的学习支持。

（2）引导学生利用信息技术自主学习

①培养信息素养。教师在日常教学中要注重培养学生的信息素养，教会他们如何获取信息、筛选信息、利用信息。这样，学生就能更好地利用信息技术进行自主学习。

②指导网络学习。教师可以引导学生利用网络资源进行自主学习，如在线课程、学习网站等。同时，教师还要关注学生的网络学习行为。

③鼓励探究学习。利用信息技术，教师可以为学生设计一些探究性的学习任务，让学生在完成任务的过程中进行自主学习和探究。这样，不仅能培养学生的自主学习能力，还能提高他们的创新意识和实践能力。

四、小学数学教师专业发展的支持与保障

（一）学校层面支持

教师的专业发展至关重要，特别是对于小学数学教师而言，他们肩负着培养学生逻辑思维和数学基础的重要任务。为了提升小学数学教师的专业素养和教学能力，学校应提供多方面的支持，助力教师的专业发展。

1.提供培训与学习资源

学校应为小学数学教师提供丰富多样的培训和学习资源。首先，定期组织校

内外的教育专家进行专题讲座和教学技能培训，使教师能够及时了解最新的教育理念和教学方法。其次，建立在线学习平台，提供数学教育相关的网络课程、教学视频和案例研究，方便教师随时随地进行学习。最后，学校还应订阅数学教育领域的专业期刊和书籍，供教师借阅，拓宽他们的学术视野。

2. 鼓励教师参与课题研究与实践

学校应鼓励小学数学教师积极参与课题研究与实践活动。一方面，设立专项课题经费，支持教师开展数学教育研究，提升他们的科研能力。另一方面，组织教师参与教学实践活动，如教学观摩、教学研讨等，使教师能够在实践中不断反思和改进自己的教学方法。此外，学校还可以邀请校外专家对教师的课题研究成果进行评审和指导，帮助教师提高研究水平。

3. 建立激励机制，表彰优秀教师

为了激发小学数学教师的工作积极性和创新精神，学校应建立激励机制，表彰优秀教师。首先，设立教学成果奖、科研成果奖等奖励制度，对在教学和科研方面取得显著成绩的教师给予物质和精神上的奖励。其次，举办教学技能比赛、教学设计大赛等活动，为教师提供展示才华的舞台，增强他们的自信心和归属感。最后，学校还应建立教师成长档案，记录教师的成长历程和业绩成果，为教师的职业发展提供有力支持。

（二）政策层面的保障

1. 制定教师专业发展政策

（1）明确发展目标。政策应明确小学数学教师专业发展的目标，包括提升教师的教育教学能力、科研能力和团队协作能力等。

（2）制定发展路径。针对不同发展阶段的小学数学教师，政策应提供不同的发展路径和规划，确保每位教师都能找到适合自己的发展方向。

（3）完善评价体系。建立科学的评价体系，对小学数学教师的教育教学成果进行客观、公正的评估，激发教师的工作热情和积极性。

2. 加大投入，改善教师工作环境

（1）提高教师待遇。政府应加大对教育的投入，提高小学数学教师的待遇，包括工资、福利和职业发展机会等，让教师感受到自己的付出得到了应有的回报。

（2）优化教学资源。改善学校的教学设施，为教师提供先进的教学设备和技术支持，使教师能够充分利用现代化教学手段进行教学。

（3）减轻教师负担。合理安排教师的教学任务，减轻教师的非教学负担，让教师有更多的时间和精力投入到专业发展中。

3. 鼓励校际合作与交流

（1）建立合作机制。鼓励不同学校之间建立合作关系，共同开展小学数学教师专业培训、教学研讨等活动，促进教师之间的经验分享和互动交流。

（2）开展交流项目。组织小学数学教师参加国内外的教学交流活动，拓宽教师的视野，了解最新的教学理念和方法。

（3）建立资源共享平台。建立小学数学教学资源共享平台，使教师能够方便地获取和分享优秀的教学资源。

第七章　新视角下的小学数学教学资源建设

第一节　小学数学课程多媒体教学资源库建设

一、多媒体教学资源的定义

随着信息技术的迅猛发展,多媒体教学资源在教育领域中的应用越来越广泛。多媒体教学资源是指通过计算机技术、网络技术、通信技术等多种技术手段,将文本、图像、视频、音频等多种媒体形式的信息进行集成,为教育教学活动提供丰富、多样、生动的教学素材和工具的统称。多媒体教学资源不仅丰富了教学内容,提高了学生的学习兴趣,还有助于培养学生的创新思维和实践能力。

二、多媒体教学资源的分类

多媒体教学资源的种类繁多,根据其呈现形式和内容特点,可以大致分为以下几类:

(一)文本资源

文本资源是最基本的多媒体教学资源之一,主要包括教材、教案、课件、学习资料等。这些资源以文字为主要表现形式,可以为学生提供系统的知识结构和详细的知识点解释。通过文本资源的学习,学生可以建立起扎实的知识基础,为后续的学习打下坚实的基础。

(二)图像资源

图像资源是多媒体教学资源中的重要组成部分,包括图片、图表、动画等。这些资源以直观、生动的形式展示教学内容,有助于学生更好地理解和掌握知识点。例如,在生物课程中,教师可以通过图像资源展示细胞结构、生物进化过程等复杂的概念；在地理课程中，教师可以通过图像资源展示地形地貌、气候分布等地理信息。

（三）视频资源

视频资源是多媒体教学资源中最具吸引力的部分之一，它通过影像和声音的双重刺激，为学生提供了更加生动、真实的学习体验。视频资源可以包括教学录像、实验演示、纪录片等多种形式。通过观看视频资源，学生可以更加直观地了解教学内容，提高学习兴趣和效果。

（四）音频资源

音频资源是多媒体教学资源中的另一种重要形式，主要包括录音、广播、音乐等。音频资源可以为学生提供丰富的听觉体验，帮助学生更好地理解教学内容。例如，在英语课程中，学生可以通过听录音来提高听力水平；在音乐课程中，学生可以通过听音乐来培养音乐素养和审美能力。

（五）交互式资源

交互式资源是多媒体教学资源中的一大特色，它利用计算机技术实现人机交互功能，为学生提供更加灵活、个性化的学习体验。交互式资源可以包括在线测试、虚拟实验、互动游戏等多种形式。通过参与交互式资源的学习活动，学生可以更加主动地参与到学习过程中来，提高学习积极性和效果。

三、多媒体教学资源与小学数学课程的结合点

（一）直观展示，促进理解

数学是一门抽象的学科，小学生理解一些数学概念和原理往往存在一定的难度。而多媒体教学资源具有直观、形象的特点，可以通过动画、图表、视频等多种形式，将抽象的数学知识具象化，使学生更易于理解。例如，教师在教授几何图形时，通过多媒体展示各种图形的形状和属性，使学生可以更加直观地认识这些图形，加深对它们特征的理解。

（二）丰富内容，激发兴趣

传统的数学教学方式往往以课本为主，内容相对单一。而多媒体教学资源则可以为学生提供更加丰富、多样的学习内容。引入生动有趣的数学故事、游戏和

实践活动，可以提高学生的学习积极性和参与度。同时，多媒体教学资源还可以根据学生的学习进度和兴趣点，灵活调整教学内容和难度，满足个性化学习的需求。

（三）互动性强，提高参与度

多媒体教学资源具有很强的互动性，可以通过各种形式与学生进行互动交流。例如，教师可以通过多媒体设备向学生提出问题，引导学生思考并回答；学生也可以通过多媒体设备进行实践操作，巩固所学知识。这种互动式的教学方式可以提高学生的参与度，使他们更加积极地参与到学习过程中来。同时，通过多媒体设备的实时反馈功能，教师还可以及时了解学生的学习情况，针对问题进行有针对性的指导和帮助。

（四）培养能力，拓展思维

多媒体教学资源不仅可以帮助学生掌握数学知识，还可以培养他们的各种能力。例如，解决数学问题和实践活动，可以培养学生的逻辑思维能力和解决问题的能力；小组合作和讨论交流，可以培养学生的团队合作能力和沟通能力。此外，多媒体教学资源还可以为学生提供更广阔的思维空间，激发他们的创造力和想象力。

引入多媒体教学资源，可以使学生更加轻松地掌握数学知识，提高学习效果和兴趣。同时，多媒体教学资源还可以培养学生的各种能力，拓展他们的思维空间。

四、小学数学课程多媒体教学资源库的设计原则

（一）教育性原则

教育性原则是设计小学数学课程多媒体教学资源库的首要原则。它要求资源的设计者必须明确教学资源的教育目标，确保资源内容具有教育价值和教学效果。

1. 明确教学目标

在设计多媒体教学资源时，应首先明确小学数学的教学目标，确保资源内容能够覆盖课程标准所要求的知识点，并有助于培养学生的数学素养和思维能力。

2. 注重启发式教学

多媒体教学资源应摒弃传统的灌输式教学方式，注重启发式教学，通过生动有趣的动画、游戏等形式激发学生的学习兴趣，引导学生主动探究数学知识。

3. 强调实践应用

数学是一门应用广泛的学科，多媒体教学资源应紧密结合生活实际，通过实际问题的解决来培养学生的数学应用能力和问题解决能力。

4. 促进学生全面发展

多媒体教学资源的设计不仅要关注知识的传授，还要注重培养学生的情感态度和价值观，促进学生全面发展。

（二）科学性原则

科学性原则是设计小学数学课程多媒体教学资源库的基础原则。它要求资源的设计者必须遵循数学学科的科学规律和学生的认知特点，确保资源的科学性和准确性。

1. 遵循数学学科的科学规律

多媒体教学资源的设计必须遵循数学学科的基本规律和知识体系，确保资源的准确性和权威性。在呈现数学概念和定理时，应注重其逻辑性和严密性，避免误导学生。

2. 符合学生的认知特点

小学生的认知特点主要表现为具象思维向抽象思维过渡，多媒体教学资源的设计应充分考虑这一特点，通过直观、形象的方式呈现数学知识。

3. 适度拓展知识深度

在遵循数学学科科学规律的基础上，多媒体教学资源可以适度拓展知识深度。同时，要注意知识的系统性和连贯性，避免知识碎片化。

4. 注重培养学生的思维能力

多媒体教学资源的设计应注重培养学生的思维能力，通过设计具有挑战性的问题和任务来激发学生的探究欲望和创新精神，促进学生思维能力的提升。

（三）交互性原则

交互性是多媒体教学资源库设计的核心要素之一。在小学数学课程中，学生的参与和互动对于知识的掌握和应用至关重要。在设计多媒体教学资源库时，需要注重以下几个方面：

1. 用户友好的界面设计

界面设计应简洁明了，便于学生快速上手。应通过直观的图标、按钮和导航栏，引导学生快速找到所需资源，降低学习门槛。

2. 多样化的互动形式

利用动画、游戏、模拟实验等多媒体形式，将数学知识融入有趣的互动活动中，让学生在轻松愉快的氛围中学习，提高学习的趣味性和吸引力。

3. 实时反馈与评估

在互动过程中，及时给予学生反馈和评估。可通过答题测试、在线问答等方式，检验学生的学习效果，帮助他们及时发现问题并加以改进。

4. 鼓励学生自主学习

设计具有启发性的教学资源，引导学生自主探究、合作学习。可通过小组合作、项目式学习等方式，培养学生的协作精神和创新能力。

（四）创新性原则

创新性是多媒体教学资源库持续发展的动力源泉。教师在设计小学数学课程多媒体教学资源库时，需要注重以下几个方面：

1. 紧跟教育发展趋势

关注国内外小学数学教育的最新动态和研究成果，将先进的教学理念和方法融入资源库设计中。不断更新和优化资源库内容，满足教育教学的需求。

2. 多样化的教学资源

提供丰富多样的教学资源，包括课件、教案、习题、视频等。这些资源应涵盖小学数学的各个领域和知识点，满足不同教学需求和学生的学习需求。

3. 鼓励教师创新

为教师提供自由发挥的空间和平台，鼓励他们根据教学实际和学生特点，自主设计和开发教学资源。举办教学资源设计大赛等活动，激发教师的创新热情和实践能力。

4. 适应不同教学模式

设计灵活多变的教学资源，以适应不同的教学模式和教学方法。例如，对于翻转课堂、混合式学习等新型教学模式，需要提供相应的教学资源和支持工具，帮助教师顺利开展教学活动。

（五）可扩展性原则

1. 可扩展性原则的重要性

可扩展性原则是指多媒体教学资源库在设计时，应充分考虑未来资源增长和变化的需求，确保系统能够方便地添加、修改或删除教学资源，而不需要对整体结构进行大规模改动。这一原则对于保障教学资源库的长期有效性和灵活性至关重要。

教学内容和教学方法时常需要更新和改进。一个具有良好可扩展性的多媒体教学资源库，能够方便地容纳新的教学资源，如新的教学视频、互动课件、练习题库等，从而保持教学资源的新鲜度和实用性。

2. 实现可扩展性的关键要素

（1）模块化设计

模块化设计是实现可扩展性的基础。在构建多媒体教学资源库时，应将不同的教学资源按照功能或内容划分为不同的模块。每个模块应具有相对独立的功能和接口，便于进行单独的更新和扩展。例如，可以将教学资源库划分为视频教学模块、互动课件模块、练习题库模块等。

（2）标准化接口

为了实现不同模块之间的无缝对接，需要制定统一的数据交换和接口标准。标准化的接口设计，可以确保新添加的模块能够与现有系统顺畅地集成，实现资源的共享和互操作。

（3）可扩展的存储架构

为了满足未来资源不断增长的需求，教学资源库应采用可扩展的存储架构。例如，可以采用分布式存储系统或云计算技术来存储教学资源，确保系统能够处理大量的数据，并保持良好的性能。

（4）灵活的权限管理

为了保障教学资源的安全性和可控性，需要实现灵活的权限管理功能。为不同用户分配不同的权限，可以确保只有获得授权的用户才能访问和修改教学资源。同时，也可以设置资源的访问限制和下载限制，防止资源的滥用和泄露。

3. 实现资源更新和扩展的策略

（1）定期更新教学资源

为了保持教学资源的新鲜度和有效性，需要定期更新教学资源库中的内容和功能。可以通过定期收集新的教学资源、更新过时的内容、添加新的功能模块等方式来实现资源的更新。

（2）鼓励用户参与贡献

为了充分利用广大教师和学生的智慧和创造力，可以鼓励用户参与教学资源的贡献。设立奖励机制、提供方便的上传和审核流程等方式，可以吸引更多的用户将自己的教学经验和资源分享到教学资源库中。

（3）引入外部资源

为了丰富教学资源库的内容和形式，可以引入外部资源。例如，可以与其他教育机构或企业合作，共享优质的教学资源；也可以购买一些专业的教学资源包或工具，将其整合到教学资源库中。

五、小学数学课程多媒体教学资源库的具体构建

（一）资源库的内容架构

1. 基础知识模块

基础知识模块是小学数学多媒体教学资源库的核心部分，涵盖了数学课程的所有基本知识点。这一模块通过图文、视频、音频等多种形式，生动直观地展示数学概念、定理、公式等基础知识。例如，教师通过动画演示加减法的运算过程，帮助学生理解运算原理；通过图表展示分数、比例等概念，使抽象知识具体化。同时，基础知识模块还提供了大量的例题和练习题，帮助学生巩固所学知识。

2. 拓展知识模块

拓展知识模块是在基础知识的基础上，对数学知识进行深度和广度的拓展。这一模块包括数学史、数学文化、数学应用等方面的内容，旨在拓宽学生的数学视野，培养数学兴趣和数学思维。例如，教师通过介绍数学家的故事和成就，激发学生的学习动力；通过展示数学在日常生活中的应用，让学生认识到数学的实用性和价值。拓展知识模块的内容丰富多彩，有助于培养学生的综合素养和创新能力。

3. 实践活动模块

实践活动模块是小学数学多媒体教学资源库的重要组成部分，旨在通过实践活动提高学生的数学应用能力和解决问题的能力。这一模块包括数学实验、数学游戏、数学探究等多种形式的实践活动。例如，教师通过数学实验让学生亲手操作、观察实验现象，理解数学原理；通过数学游戏让学生在轻松愉快的氛围中学习数学知识；通过数学探究引导学生自主发现问题、解决问题，培养探究精神和

创新能力。实践活动模块的内容具有趣味性和挑战性，能够激发学生的学习兴趣和求知欲。

4. 互动游戏模块

互动游戏模块是小学数学多媒体教学资源库的创新部分，通过游戏化的方式让学生在游戏中学习数学、享受数学。这一模块包括各种数学游戏和竞赛活动，如数学拼图、数学接龙、数学闯关等。这些游戏设计巧妙、富有挑战性，能够让学生在游戏中巩固所学知识、提高数学技能。同时，互动游戏模块还提供了丰富的奖励机制，如积分、勋章等，以激发学生的学习动力和竞争精神。通过互动游戏模块的学习，学生可以在轻松愉快的氛围中提高数学学习的兴趣和效果。

小学数学课程多媒体教学资源库的内容架构包括基础知识模块、拓展知识模块、实践活动模块和互动游戏模块四个部分。这四个模块相互关联、相互促进，共同构成一个完整的小学数学教学资源体系。这个资源库的建设和应用，可以为学生提供更加丰富、生动、有趣的学习资源，促进小学数学教学质量的提升。

（二）资源库的技术实现

1. 软件开发与平台选择

在构建小学数学课程多媒体教学资源库时，选择合适的软件开发工具和平台至关重要。一方面，要确保所选工具和功能能满足资源库的需求，包括资源管理、用户管理、内容管理、在线学习等功能。另一方面，要考虑软件的易用性和可维护性，确保教师能够轻松上手，同时便于后续的系统升级和维护。

在平台选择方面，可以考虑采用云计算技术，通过搭建云服务平台，实现资源的共享和访问。这样不仅可以降低硬件成本，还可以提高系统的稳定性和可扩展性。

2. 数据库设计与数据管理

数据库设计是多媒体教学资源库建设的核心环节之一。在设计数据库时，要充分考虑数据的类型、结构、关系等因素，确保数据的准确性和完整性。同时，要合理规划数据表的字段和索引，提高数据的查询效率和更新速度。

在数据管理方面，要采用科学的管理方法和技术手段，确保数据的安全性和可靠性。可以通过设置用户权限、数据备份和恢复等方式，保障数据的安全性和完整性。此外，还可以利用数据分析工具对资源库的使用情况进行统计和分析，为教学改进提供参考依据。

3. 多媒体素材的采集与处理

多媒体素材是构建多媒体教学资源库的基础。在采集素材时，要注重素材的质量和适用性，确保素材能够符合小学数学课程的教学内容和学习需求。可以通过网络搜索、购买正版素材、自制素材等方式获取所需素材。

在素材处理方面，要采用专业的软件工具和技术手段，对素材进行编辑、加工和优化。例如，可以使用图像处理软件对图片进行裁剪、缩放和美化；使用音频处理软件对音频文件进行剪辑和混音；使用视频处理软件对视频进行剪辑和特效处理等。对素材进行精心处理，可以使其更加符合教学需求。

4. 资源的整合与发布

在整合资源时，要充分考虑资源的关联性和互补性，将相关的资源进行有效的整合和分类。可以通过建立资源目录、添加标签、设置关键词等方式，方便用户快速查找和获取所需资源。同时，要关注资源的更新和补充，及时将新的教学资源纳入资源库中。

在资源发布方面，要选择合适的发布渠道和方式，确保资源能够广泛传播和共享。可以通过学校网站、在线教育平台、社交媒体等途径发布资源，让更多的教师和学生受益。同时，要注重资源的版权保护，确保资源的合法性和安全性。

（三）资源库的评估与反馈机制

1. 用户体验评估

用户体验是评估多媒体教学资源库质量的重要指标之一。对于小学数学课程多媒体教学资源库来说，用户体验评估主要包括以下几个方面：

（1）界面友好性

评估资源库的界面设计是否简洁明了、易于操作，色彩搭配是否合理，图标和按钮的标识是否清晰，以确保学生能够轻松上手，快速找到所需资源。

（2）资源丰富性

评估资源库中的教学资源是否丰富多样，包括课件、视频、音频、动画等多种形式，以及是否涵盖了各个知识点和难易程度。

（3）资源质量

评估资源库中的教学资源是否准确、科学、具有教育性，是否符合小学生的认知特点和学习规律，能否有效激发学生的学习兴趣和动力。

2. 教学效果评估

教学效果是评估多媒体教学资源库价值的关键指标。教学效果评估主要包括以下几个方面：

（1）学生学业成绩

通过对比使用多媒体教学资源库前后学生的数学成绩，评估资源库对学生学业成绩的影响。如果学生的成绩有所提高，说明资源库在促进学生知识掌握方面发挥了积极作用。

（2）学生学习兴趣

观察学生在学习过程中是否表现出对多媒体教学资源库的兴趣和热情，以及是否愿意主动使用资源库进行学习和探索。如果学生对资源库表现出浓厚的兴趣，说明资源库在激发学生学习兴趣方面具有积极作用。

（3）教师教学满意度

调查教师对多媒体教学资源库的使用满意度，了解资源库是否能够帮助教师更好地完成教学任务。如果教师对资源库表示满意，说明资源库在辅助教师教学方面发挥了积极作用。

3. 用户反馈收集与处理

用户反馈是优化多媒体教学资源库的重要依据。用户反馈收集与处理主要包括以下几个方面：

（1）收集渠道

建立多种渠道收集用户反馈，如在线调查、留言板、邮件等，确保用户能够方便快捷地反馈使用体验和建议。

（2）反馈内容

关注用户反馈中的关键信息，如资源库的优缺点、使用中的问题和困难、改进建议等，以便对资源库进行有针对性的优化和改进。

（3）处理机制

建立快速响应和处理机制，对用户反馈进行及时回复和处理。对于用户提出的问题和困难，要尽快解决；对于用户的改进建议，要认真研究并采纳合理的部分。

（4）反馈跟踪

对已经处理过的用户反馈进行跟踪和回访，了解用户对处理结果的满意度和

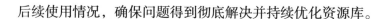

后续使用情况，确保问题得到彻底解决并持续优化资源库。

六、小学数学课程多媒体教学资源库的应用与推广

（一）教师在课堂教学中的应用策略

1. 创设生动的教学情境

教师可以利用资源库中的动画、视频等多媒体资源，创设与教学内容相关的教学情境，使学生更直观地理解数学知识。例如，在学习"图形的认识"时，可以通过展示各种图形的动画视频，帮助学生理解不同图形的特征。

2. 辅助讲解难点知识

对于一些抽象、难以理解的知识点，教师可以利用资源库中的课件、图表等资源，将复杂的概念简单化、直观化，帮助学生更好地掌握。

3. 开展互动式教学

教师可以利用资源库中的数学游戏、在线测验等资源，设计互动式教学环节，让学生在游戏中学习，提高学习兴趣和学习效果。

（二）学生在自主学习中的应用方法

1. 自主选择学习资源

学生可以根据自己的学习需求和兴趣，在资源库中自主选择适合自己的学习资源，如课件、视频、练习题等。

2. 自主学习与探究

学生可以利用资源库中的资源进行自主学习和探究，如观看教学视频、阅读教材、完成在线练习等，培养自主学习能力。

3. 合作学习与交流

学生还可以利用资源库中的资源进行合作学习与交流，如共同完成数学游戏、在线讨论等，增强团队协作能力和沟通能力。

（三）资源库在家校共育中的作用

1. 提供丰富的学习资源

资源库为家长提供了丰富的学习资源，家长可以根据孩子的学习情况和兴趣，选择合适的学习资源，辅助孩子进行学习。

2.搭建家校沟通桥梁

资源库可以成为家校沟通的桥梁，家长可以通过资源库了解孩子在学校的学习情况，教师也可以通过资源库向家长反馈学生的学习进展和需要改进的地方。

3.促进家校共育的深入开展

家长和教师可以共同利用资源库中的资源，制订个性化的学习计划，共同关注孩子的学习成长，促进家校共育的深入开展。

（四）资源库的推广策略与路径

1.加强宣传与推广

学校可以通过家长会、校园网站等途径，向家长和教师介绍资源库的特点和使用方法，提高资源库的知名度和使用率。

2.开展培训活动

学校可以组织教师参加多媒体教学资源库使用培训活动，提高教师的信息技术应用能力和教学水平。

3.建立激励机制

学校可以设立优秀教学资源奖、优秀教学设计奖等奖项，鼓励教师积极使用资源库中的资源进行教学设计和创新实践。

4.拓展合作渠道

学校可以与其他学校、教育机构等建立合作关系，共同开发、共享优质教学资源，提高资源库的质量和覆盖面。

第二节　互联网资源在小学数学课堂教学中的运用

一、互联网资源概述

（一）互联网资源的定义

互联网资源是指通过互联网平台提供的各种信息、数据、软件、服务等资源的总称。它涵盖了文本、图片、音频、视频等多种形式，具有信息的时效性、内容的广泛性、访问的快捷性、搜索的网络性和资源的动态性等特点。互联网资源主要指的是与数学教学相关的网络课程、教学视频、在线练习、电子课本等。

（二）互联网资源在小学数学教学中的重要性

1. 丰富了教学内容和形式

互联网资源为小学数学教学提供了丰富多样的内容和形式。传统的数学教学往往依赖于教科书和课堂板书，而互联网资源则能够为学生提供更加直观、生动的学习材料。例如，教师可以通过教学视频、动画等方式展示数学概念和知识，使抽象的知识变得具体化、形象化，有助于学生更好地理解和掌握知识。

2. 激发了学生的学习兴趣和积极性

互联网资源的应用能够极大地激发学生的学习兴趣和积极性。学生可以通过在线游戏、互动练习等方式进行数学学习，这种学习方式更加符合小学生的认知特点和兴趣爱好，能够让学生在轻松愉快的氛围中学习数学。同时，互联网资源还能够为学生提供个性化的学习服务，根据学生的学习情况提供相应的学习建议和练习题目，有助于提高学生的学习效果。

3. 促进了师生之间的交流和互动

互联网资源为师生之间的交流和互动提供了便利条件。教师可以通过网络平台发布作业、批改作业、答疑解惑等，与学生进行实时互动。学生也可以通过网络平台向教师请教问题、分享学习心得等，与教师和同学进行互动交流。这种交流方式能够拉近师生之间的距离，增强师生之间的信任和互动。

4. 提高了教学效果和质量

互联网资源的应用能够显著提高小学数学教学的教学效果和质量。通过引入互联网资源，教师可以更加灵活地安排教学内容和进度，根据学生的实际情况进行个性化教学。同时，互联网资源还能够为教师提供丰富的教学资源和教学工具，帮助教师更好地进行课堂教学和辅导工作。此外，互联网资源还能够为学生提供丰富的学习资源和练习机会，有助于学生更好地巩固知识和提高能力。

（三）提供多样化的学习材料

互联网上的数学教学资源极其丰富，从基础的数学知识点到拓展的数学游戏和趣味竞赛，从静态的文本、图片到动态的视频、动画，应有尽有。这些资源不仅丰富了教学内容，还使得教学方式更加灵活多样。教师可以通过互联网收集最新的教学资源，整合到日常的教学中去，使学生们在享受学习的过程中掌握知识。

（四）创新互动方式，提升学习效果

互联网技术的运用为小学数学教学带来了全新的互动方式。传统的数学教学往往是单向的知识传递，而互联网技术的应用则使得师生互动、生生互动成为可能。教师可以通过在线平台发布作业、进行在线测试，及时获取学生的学习反馈；学生则可以通过网络平台与老师和同学进行交流和讨论，共同解决问题。这种互动方式不仅提高了学生的学习效率，还培养了学生的合作精神和沟通能力。

（五）拓展学生的学习视野和思维方式

互联网资源突破了传统教材的局限性，为学生们提供了更为广阔的学习空间。学生们可以通过互联网了解到更多的数学知识和数学文化，拓展自己的学习视野。同时，互联网上的多样化学习资源还能够培养学生们的创新思维和实践能力。学生们可以在学习过程中主动探索和发现问题，尝试用不同的方法解决问题，从而培养他们的创新意识和解决问题的能力。

二、互联网资源在小学数学课堂教学中的具体应用

（一）教学课件与多媒体资源

1. 制作生动有趣的教学课件

互联网为教师们提供了海量的教学资源，如图片、音频、视频等，这些资源可以被整合到教学课件中，使课件内容更加生动有趣。例如，在教授"图形的认识"时，教师可以通过互联网搜索各种图形的图片，并制作成幻灯片，让学生在视觉上直观地认识各种图形。此外，教师还可以利用动画效果，将图形的变化过程生动地展现出来，帮助学生更好地理解图形的性质。

2. 利用动画、视频等资源帮助学生理解抽象概念

小学数学中有很多抽象的概念，如分数、小数、比例等，这些概念对于小学生来说往往难以理解。此时，互联网资源就发挥了巨大的作用。教师可以通过动画、视频等资源，将这些抽象的概念具体化、形象化，从而帮助学生更好地理解和掌握这些概念。例如，在教授"分数"时，教师可以利用动画展示一个蛋糕被切成若干份的过程，让学生直观地理解分数的含义。

（二）在线教学平台与工具

1. 利用在线教学平台进行远程授课和互动

随着互联网技术的不断发展，越来越多的在线教学平台应运而生。这些平台为教师提供了远程授课和互动的功能，使得教学不再受地域限制。教师在小学数学教学中可以利用在线教学平台进行远程授课，让学生在家里也能享受到优质的教育资源。同时，在线教学平台还提供了丰富的互动功能，如在线提问、小组讨论等，使得课堂氛围更加活跃。

2. 引入数学游戏和互动工具，增强学习体验

除了传统的讲授式教学外，教师还可以利用互联网资源引入数学游戏和互动工具，增强学生的学习体验。这些游戏和工具通常具有趣味性、互动性强的特点，能够激发学生的学习兴趣和积极性。例如，教师可以利用一些在线数学游戏来帮助学生巩固所学知识；或者利用一些互动工具来让学生自主探索数学规律和问题解决方法。这些游戏和工具不仅能够让学生在轻松愉快的氛围中学习数学知识，还能够培养学生的数学思维能力和解决问题的能力。

（三）互联网数学教育资源库的应用

1. 访问专业数学网站和论坛，获取优质教学素材

专业数学网站和论坛是小学数学教师获取教学素材的重要渠道。这些网站上汇聚了大量的教学资源，如课件、教案、习题、教学视频等，涵盖了从基础知识到拓展应用的各个方面。教师可以通过浏览这些网站，选择适合自己教学内容和风格的素材，进行备课和授课。

同时，专业数学论坛也是教师交流教学经验、分享教学心得的重要平台。教师可以通过发帖、回帖等方式与其他教师进行交流，借鉴他人的教学经验和案例，提升自己的教学水平。

2. 借鉴其他教师的教学经验和案例

互联网上的教学案例和经验分享为教师提供了宝贵的学习资源。教师可以通过阅读其他教师的教学案例，了解他们在教学中遇到的问题和解决方法，从而避免自己走弯路。同时，教师还可以通过对比不同教师的教学风格和策略，找到适合自己的教学方法，提升教学效果。

（四）数据分析与个性化学习的应用

1.收集学生的学习数据，进行个性化学习推荐

在互联网环境下，教师可以通过各种学习平台和工具收集学生的学习数据，如作业完成情况、测试成绩、学习时长等。通过对这些数据进行分析，教师可以了解学生的学习状况和需求，为他们提供个性化的学习推荐。

例如，对于在某一知识点上掌握不够扎实的学生，教师可以为他们推荐相关的学习资源和练习题，帮助他们巩固知识；对于学习能力较强的学生，教师可以为他们提供更具挑战性的学习内容和任务，激发他们的学习兴趣和潜能。

2.利用数据分析工具评估教学效果，优化教学策略

数据分析工具可以帮助教师更准确地评估教学效果，发现教学中存在的问题和不足。教师可以通过收集和分析学生的学习数据，了解学生在各个知识点上的掌握情况，以及他们在学习过程中的表现和变化。

基于这些数据，教师可以对教学策略进行优化和调整。例如，对于教学效果不佳的知识点，教师可以重新设计教学内容和方法，提高学生的学习兴趣和参与度；对于表现优秀的学生，教师可以为他们提供更多的拓展学习机会和资源，满足他们的学习需求。

三、互联网资源在小学数学教学中的优势与挑战

（一）优势分析

1.突破时空限制，实现灵活教学

传统的小学数学教学往往受限于固定的时间和地点，而互联网资源的引入打破了这一局限。通过在线教育平台、数学教学软件等工具，教师可以随时随地进行教学，学生也能在任何时间、任何地点进行学习。这种灵活的教学方式不仅提高了教学效率，也为学生提供了更多的学习选择。

此外，互联网资源还使得远程教学成为可能。偏远地区的学生可以通过网络接入优质的教学资源，享受到与城市学生同等的教育机会。这种资源的共享和流动，有助于缩小城乡教育差距，促进教育公平。

2.拓展教学资源，丰富教学内容

互联网资源为小学数学教学提供了海量的教学资源，包括各种数学软件、教学视频、在线题库等。这些资源使得教学方式更加多样化。

例如，教师可以通过数学软件展示复杂的数学图形和模型。教学视频则可以

为学生提供更加生动、直观的学习体验。在线题库则能为学生提供大量的练习题，帮助他们巩固所学知识，提高解题能力。

3. 促进学生自主学习和合作学习

互联网资源的引入为学生提供了更多的自主学习机会。学生可以通过搜索引擎查找相关的数学知识和解题技巧，自主解决学习中遇到的问题。同时，互联网还为学生提供了丰富的学习社区和交流平台，如在线论坛、微信群等。学生可以在这些平台上与其他同学和老师进行交流和讨论，分享学习心得和经验，促进合作学习的发展。

自主学习和合作学习不仅能够提高学生的学习效率和成绩，还能够培养学生的自主学习能力、团队协作能力和沟通能力等综合素质。这些素质对于学生未来的学习和职业发展具有重要意义。

（二）挑战与应对

1. 互联网资源的筛选和整合难度

互联网上的资源浩如烟海，既有优质的教学资源，也有许多低质量甚至错误的信息。筛选和整合合适的互联网资源是一项复杂而烦琐的工作。教师需要具备辨别能力，筛选出与教学目标相符合、内容准确、形式生动的资源。

应对策略：

（1）建立教学资源库。教师可以根据教学需要，建立自己的教学资源库，将筛选出的优质资源进行分类整理，方便日后使用。

（2）借助专业平台。利用专业的教育平台或网站，这些平台通常会对资源进行筛选和审核，保证资源的质量。

（3）加强团队协作。与同事合作，共同分享和筛选互联网资源，提高筛选效率。

2. 学生过度依赖网络，影响学习效果

互联网资源的丰富性和便利性使得学生很容易陷入过度依赖的状态。有些学生在解题过程中遇到困难时，会立即求助于网络，而不是通过独立思考和尝试解决问题。这种过度依赖网络的行为会削弱学生的思维能力，影响学习效果。

应对策略：

（1）引导学生正确使用网络。教师应引导学生正确使用互联网资源，将其作为辅助学习的工具，而不是替代思考的捷径。

（2）培养自主学习能力。布置适当的自主学习任务，培养学生的自主学习能力，让他们学会独立思考和解决问题。

（3）建立评价机制。建立有效的学习评价机制，关注学生的解题过程和思维过程，而不是仅仅看重结果。

3. 教师需提升信息技术应用能力

互联网资源的引入对教师的信息技术应用能力提出了更高的要求。教师需要掌握一定的信息技术知识和技能，才能有效地利用互联网资源进行教学。然而，许多教师的信息技术应用能力还有待提高。

应对策略：

（1）加强培训和学习。学校应定期组织信息技术培训和学习活动，提高教师的信息技术应用能力。

（2）鼓励教师自主学习。鼓励教师自主学习信息技术知识，掌握新的教学工具和方法。

（3）建立技术支持团队。建立专业的技术支持团队，为教师提供技术支持和帮助，解决他们在使用互联网资源过程中遇到的问题。

互联网资源在小学数学教学中既有巨大的优势，也存在一定的挑战。教师应积极应对这些挑战，不断提高自己的信息技术应用能力，合理利用互联网资源进行教学，以提高教学效果和学生的学习质量。

第三节　小学数学跨学科教学资源的挖掘

一、小学数学跨学科教学资源概述

（一）定义

小学数学跨学科教学资源，指的是在小学数学教学过程中，结合其他学科的知识、技能、方法和思维方式，以丰富教学内容、提升教学效果为目的的各类教学资源。这些资源包括但不限于科学实验、艺术表现、体育活动、信息技术应用等，旨在通过跨学科的整合，拓宽学生的学习视野，增强学生的综合能力。

（二）价值

1.提升小学数学教学效果

跨学科教学资源对提升小学数学教学效果的价值主要体现在以下几个方面：

（1）激发学生的学习兴趣和主动性

传统的小学数学教学往往以单一的数学知识传授为主，缺乏对学生学习兴趣的激发。而跨学科教学资源能够打破这一局限，通过引入其他学科的内容和元素，使数学知识更加生动有趣，从而激发学生的学习兴趣和主动性。

（2）培养学生的综合能力和创新思维

跨学科教学资源能够帮助学生将数学知识与其他学科知识相结合，形成跨学科的知识体系。学生在这个过程中需要运用多种学科的知识和技能，从而培养他们的综合能力和创新思维。例如，学生在解决数学问题的过程中可以借助物理学的原理、化学的现象或地理的空间感，通过跨学科思考来寻找解决方案，锻炼自己的创新思维和解决问题的能力。

（3）拓展学生的学习视野和知识面

跨学科教学资源能够为学生提供更加广阔的学习视野和知识面。学生通过引入其他学科的内容和元素可以了解到更多的知识和信息，从而拓宽自己的视野和知识面。这有助于培养学生的综合素质和适应未来社会发展的能力。

2.促进学生综合素质发展

（1）借助科学实验探索数学原理

教师在数学教学中可以引入一些简单的科学实验来帮助学生理解数学原理。例如，在教授"圆的面积"时，教师可以引导学生通过制作纸模、测量数据等实验方法，探究圆的面积与半径之间的关系。这样的教学方式不仅能够让学生更加深入地理解数学知识，还能够培养他们的实验能力和科学素养。

（2）结合艺术表现理解数学概念

艺术表现是跨学科教学资源的重要组成部分。教师在数学教学中可以引导学生通过绘画、手工制作等方式来表达数学概念。例如，教师在教授"图形的变换"时，可以让学生通过绘画或手工制作来展示图形的平移、旋转和轴对称等变换过程。这样的教学方式不仅能够让学生更加直观地理解数学概念，还能够培养他们的艺术表现力和创造力。

（三）资源类型

1. 自然科学类资源

自然科学类资源是小学数学跨学科教学中不可或缺的一部分。这类资源涵盖了数学与物理、化学、生物等学科的交叉点，例如教师通过测量物体的长度、重量、体积等，让学生体验数学在实际生活中的应用。同时，利用科学实验的数据和现象，可以引导学生理解数学中的比例、百分数等概念。此外，生物学科的生长规律、细胞分裂等现象也可以用数学中的数列、函数等知识来解释。

2. 社会科学类资源

社会科学类资源在小学数学跨学科教学中同样具有重要的地位。这类资源包括历史、地理、经济等学科中与数学相关的内容。例如，教师通过学习历史中的年代计算、人口增长等数据，可以让学生理解数学在社会科学领域的应用。同时，地理学科中的地图绘制、距离计算等也需要用到数学知识。经济学科中的成本计算、利润分析等更是数学在实际应用中的直接体现。

3. 艺术与人文类资源

艺术与人文类资源在小学数学跨学科教学中同样具有独特的价值。这类资源包括音乐、美术、文学等学科中与数学相关的元素。例如，音乐中的节奏、旋律等可以用数学中的数列、比例等概念来解释。美术中的构图、色彩搭配等也需要用到数学的几何、比例等知识。文学中的故事情节、人物关系等也可以用数学中的图表、统计等方法来分析。通过跨学科学习，学生可以更好地理解数学与艺术、人文之间的联系，培养审美能力和人文素养。

4. 技术与工程类资源

技术与工程类资源在小学数学跨学科教学中的作用日益凸显。这类资源包括计算机编程、机器人制作、电子电路等领域的内容。通过学习编程和机器人制作，学生可以了解数学在计算机科学中的应用，培养逻辑思维和创新能力。同时，电子电路的制作也需要用到数学中的电阻、电流等概念，让学生更好地理解数学与物理之间的联系。

5. 实践活动类资源

实践活动类资源是小学数学跨学科教学中最直观、最生动的一类资源。组织各种实践活动，如数学游戏、数学竞赛、数学实验等，可以让学生亲身体验数学在实际生活中的应用，感受数学的魅力。同时，实践活动还可以培养学生的动手能力、团队协作能力和解决问题的能力。

二、小学数学跨学科教学资源的挖掘途径

（一）教材分析

1. 深入剖析小学数学教材

小学数学教材是数学教学的基础，其中蕴含着丰富的跨学科教学资源。为了有效挖掘这些资源，教师需要对教材进行深入剖析。

（1）梳理知识点

教师需要梳理小学数学教材中的各个知识点，明确每个知识点的内涵和外延。通过对比不同版本的教材，教师可以发现不同版本教材在知识点呈现上的差异，从而选择更加适合学生的教学资源。

（2）关联其他学科

在梳理知识点的基础上，教师需要思考这些知识点与其他学科的关联。例如，数学中的图形与几何知识点可以与美术中的构图、色彩等知识点相结合；数学中的统计与概率知识点可以与科学课程中的实验数据收集与分析相结合。通过关联其他学科，教师可以发现数学知识点在其他学科中的应用场景，从而为学生提供更加丰富的学习体验。

2. 挖掘跨学科教学资源

在深入剖析教材的基础上，教师需要进一步挖掘小学数学教材中的跨学科教学资源。

（1）融入生活实例

生活实例是跨学科教学资源的重要来源。教师可以结合学生生活实际，将数学知识点融入生活实例中，让学生在解决实际问题的过程中学习数学知识。例如，教师在教授"比例"知识点时，可以引入食谱中食材的比例、地图上的比例尺等生活实例，让学生感受数学在生活中的应用。

（2）整合课程资源

除了教材本身外，教师还可以整合其他课程资源来丰富教学内容。例如，教师可以利用网络资源查找与数学知识点相关的跨学科教学资源，如科普视频、互动游戏等；同时，教师也可以与其他学科教师合作，共同开发跨学科教学资源，实现资源共享和优势互补。

3. 在教材中融入跨学科元素的策略

在挖掘跨学科教学资源的基础上，教师需要思考如何在教材中融入跨学科元素，以丰富教学内容和提高学生的学习兴趣。

（1）创设跨学科情境

教师可以通过创设跨学科情境来激发学生的学习兴趣。例如，教师在教授"时间"知识点时，可以设计一个与时间相关的跨学科项目活动，让学生在实际操作中感受时间的流逝和计算时间的重要性。通过这样的活动，学生不仅可以学习数学知识，还可以锻炼跨学科思维和团队协作能力。

（2）设计跨学科任务

除了情境创设外，教师还可以设计跨学科任务来引导学生进行跨学科学习。例如，教师在教授"空间与几何"知识点时，可以设计一个与建筑相关的跨学科任务，让学生调查并研究建筑物的结构和设计原理。通过这样的任务设计，学生可以将数学知识与建筑知识相结合，提高综合运用能力。

（二）实践活动

1. 小学数学跨学科教学资源的挖掘途径

（1）媒体与网络资源的合理利用

在当今信息化时代，媒体和网络资源为跨学科教学提供了丰富的素材。教师可以通过网络收集与数学教学相关的跨学科内容，如科学、艺术、历史等领域的知识，通过整合和重组，形成具有跨学科特色的教学资源。同时，利用多媒体设备，如投影仪、计算机等，将这些资源生动地呈现在学生面前。

（2）与其他学科的有机整合

教师在小学数学教学中可以与其他学科教师进行合作，共同开发跨学科教学资源。例如，与科学教师合作，探索数学在自然科学中的应用；与艺术教师合作，利用数学原理进行艺术创作等。数学教学与其他学科的整合，不仅能够丰富数学教学内容，还能促进学生对其他学科知识的理解和掌握。

2. 实践活动与数学实践活动的设计

（1）实践活动的设计

实践活动是小学数学教学中不可或缺的一部分。教师可以设计具有跨学科特色的实践活动。例如，教师组织学生开展"小小超市"活动，让学生在模拟的超市环境中进行价格比较、计算总价等数学运算，同时了解商品分类、营销策略等跨学科知识。

（2）数学实践活动的设计

数学实践活动是小学数学教学的重要组成部分。教师可以通过设计具有针对性的数学实践活动，帮助学生巩固和拓展数学知识。例如，教师设计"透视骰子"活动，让学生通过观察骰子的结构和点数，理解正方体相对面点数的特征，同时结合魔术表演等艺术形式，增强活动的趣味性和吸引力。

3.跨学科实践活动在小学数学教学中的应用案例

以"玩转千克和克"跨学科实践活动为例，该活动旨在帮助学生更好地理解千克与克的概念。教师在活动中，首先引导学生观察超市中不同商品的重量单位，了解千克与克在现实生活中的应用。其次，教师让学生通过称一称、掂一掂等实验方法，亲身感受1千克的重量，对比生活中物品之间的重量关系。最后，教师鼓励学生用图画和文字记录下自己的实验过程和感受，并制作成数学小报进行展示。通过这一活动，学生不仅掌握了千克与克的概念，还锻炼了观察、实验和表达能力，实现了数学与其他学科的有机整合。

（三）信息技术应用

1.信息技术在挖掘小学数学跨学科教学资源中的应用

（1）网络资源的利用

互联网是一个庞大的信息库，为小学数学跨学科教学提供了丰富的资源。教师可以通过搜索引擎、教育网站、在线课程平台等渠道，获取与数学相关的其他学科知识和案例。例如，在学习"图形的面积"时，可以引入地理学科中的地图和地形图，让学生在计算面积的同时，了解不同地区的地理特点。

（2）多媒体素材的整合

多媒体素材包括图片、音频、视频等，能够生动直观地展示数学知识和跨学科知识。教师可以利用多媒体素材制作课件，将数学概念和现象与其他学科知识相结合。例如，在学习"比例"时，可以播放一段关于建筑或艺术作品中比例应用的视频，让学生感受比例在实际生活中的应用。

（3）教学软件的开发与应用

随着教育技术的不断发展，越来越多的教学软件被开发出来，为小学数学跨学科教学提供了有力支持。教师可以利用这些软件，设计跨学科的数学活动，让学生了解其他学科的知识。例如，利用编程软件教授数学逻辑和算法，让学生在学习数学的同时，培养计算思维和解决问题的能力。

2. 信息技术在促进小学数学跨学科教学方面的优势

（1）丰富教学内容

信息技术能够获取和整合大量的跨学科教学资源，使小学数学教学内容更加丰富多样。引入其他学科的知识和案例，可以让学生更好地理解和应用数学知识。

（2）提高学生综合素质

跨学科教学有助于培养学生的综合素质和解决问题的能力。教师通过信息技术手段挖掘的跨学科教学资源，可以让学生接触到更广泛的知识领域，培养他们的跨学科思维和创新能力。同时，学生在解决问题的过程中还能够锻炼自己的逻辑思维和批判性思维能力。

（3）拓展教学空间

信息技术打破了传统教学的时空限制，使小学数学教学空间得到了拓展。通过网络和多媒体技术，教师可以实现远程教学和在线互动，让学生在家中也能接受到优质的教育资源。此外，教师还可以利用信息技术手段组织线上活动和竞赛，为学生提供更多的展示和交流机会。

信息技术在挖掘小学数学跨学科教学资源方面具有独特的优势。通过合理应用信息技术手段，教师可以获取和整合丰富的跨学科教学资源，丰富教学内容、提高学生综合素质、拓展教学空间，为小学数学跨学科教学提供有力支持。

三、小学数学跨学科教学资源的教学策略

（一）整合教学内容

整合其他学科的知识资源，不仅能丰富教学内容，还能帮助学生建立更加全面和深入的知识体系。

1. 数学与语文的整合

数学与语文的整合可以帮助学生更好地理解数学概念和题目要求。教师可以通过数学应用题的教学，引导学生读懂题目，理解题意，并用准确的语言表达出来。同时，在数学课堂上，教师可以引入语文的修辞手法和表达方式，使数学题目更具趣味性和吸引力。

2. 数学与科学的整合

数学与科学的整合可以帮助学生理解数学在科学研究中的应用。教师可以结合科学实验和观察，让学生用数学方法去分析数据、绘制图表，培养学生的数据分析和科学探究能力。例如，在探究植物生长规律时，教师可以让学生测量和记录植物的高度、叶片数量等数据，并运用统计方法和图表进行分析。

3. 数学与艺术的整合

数学与艺术的整合可以培养学生的审美能力和创新思维。教师可以引导学生通过绘画、手工制作等方式，将数学图形和概念转化为艺术作品。例如，在学习平面图形时，教师可以让学生设计具有美感的几何图形图案；在学习立体图形时，可以让学生制作立体模型。这样的教学方式可以让学生在欣赏美的同时，更好地理解数学知识。

（二）关注学生个体差异

在实施跨学科教学时，教师必须充分关注学生的个体差异，包括认知水平、兴趣爱好、学习习惯和记忆能力等方面。只有了解学生的个体差异，教师才能有针对性地制定教学策略，满足他们的不同需求。

（1）认知水平差异。对于认知水平较高的学生，教师可以采用探究式教学，让他们参与课堂探究、独立思考；对于认知水平较低的学生，教师可以采用示例教学、操作引导等教学策略，帮助他们更好地理解概念。

（2）兴趣爱好差异。根据学生的兴趣爱好，教师可以设计不同类型的跨学科教学活动，如数学与艺术结合的绘画活动、数学与科学结合的实验活动等。

（3）学习习惯差异。对于喜欢自主学习的学生，教师可以鼓励他们自主阅读、查找资料、总结思路；对于习惯于被动接受的学生，教师可以引导他们从被动接受转变为主动思考。

（4）记忆能力差异。针对记忆能力较强的学生，教师可以提供更高难度的数学题目和更深入的思考问题；对于记忆能力较弱的学生，教师可以采用多次重复、归纳总结等教学方法，帮助他们巩固所学知识。

针对不同学生的个体差异，教师可以采取以下个性化教学策略和建议：

（1）分层教学。将学生分为不同的层次进行教学，以满足他们的不同需求。

（2）小组合作。组织学生进行小组合作学习，让学生在相互交流中共同解决问题。

（3）自主学习。鼓励学生进行自主学习，培养他们的独立思考能力和自主学习能力。教师可以提供适当的指导和支持，帮助学生解决学习中的困难和问题。

（4）个性化辅导。针对学生的个别差异，教师可以提供个性化的辅导和支持，帮助他们克服学习中的困难和问题。

四、教学策略的实施

（一）确定教学目标

在实施跨学科教学之前，教师应明确教学目标。这些目标应涵盖数学学科的核心素养和跨学科的综合能力。同时，教师应根据学生的实际情况和学科特点，制定合理的教学目标。

（二）选择适当的跨学科内容

在选择跨学科内容时，教师应考虑学生的年龄、认知水平、兴趣爱好以及学科特点。同时，教师应根据教学目标和教材内容，选择与数学相关且有利于学生发展的其他学科知识。在选择内容时，应注重内容的趣味性和实用性。

（三）灵活运用教学方法

在跨学科教学中，教师应根据不同的教学内容和学生的实际情况，灵活运用多种教学方法。例如，可以采用问题解决法、探究法、合作学习法等多种方法，引导学生积极参与课堂活动。同时，教师还可以利用现代信息技术手段，如多媒体、网络等提高学生的学习兴趣和积极性。

（四）注重评价与反思

教师应注重对学生学习过程和效果的评价。评价方式可以多样化，如考试、作业、观察、口头表达等。同时，教师应定期反思自己的教学过程和方法是否得当，是否符合学生的实际情况和需求。教师应通过评价和反思，不断优化教学过程和方法。

（五）加强教师培训和提高素质

实现小学数学跨学科教学需要教师具备较高的综合素质和专业水平。学校应加强对教师的培训和提高教师的专业素质。培训内容可以包括跨学科教学的理念、方法、技巧等方面的知识，以帮助教师更好地实施跨学科教学。同时，学校还应鼓励教师积极参与跨学科教学的研究和实践活动，不断提高自己的教学水平和能力。

结束语

在深入探索了小学数学教学的理论与发展的新视角后，我们不禁要回望过去，展望未来。数学，作为一门基础且至关重要的学科，其教学方式的变革与创新，不仅关乎学生个体的发展，更对整个教育体系的进步有着深远的影响。

回顾过去，我们见证了小学数学教学从传统的灌输式教学逐步转向注重学生主动性、参与性的教学模式。这种转变使得数学不再是一个冰冷的公式和定理的堆砌，而是一个充满探索与发现的奇妙世界。而在这个过程中，教师们的角色也从单一的传授者转变为引导者和合作伙伴，他们与学生共同探索数学之美，激发学生对数学的兴趣和热爱。

展望未来，随着科技的不断进步和教育理念的持续更新，小学数学教学将面临更多的挑战和机遇。一方面，教师需要借助先进的技术手段，如人工智能、大数据等，为数学教学提供更加精准、个性化的支持。另一方面，教师也需要不断更新教学理念，关注学生的全面发展，培养学生的创新精神和实践能力。

在这个充满变革的时代，小学数学教学理论及发展的新视角为教师指明了前进的方向。让我们携手共进，不断探索、创新，为培养更多具有数学素养和创新能力的人才而努力。同时，也让我们期待在未来的日子里，小学数学教学能够展现出更加丰富多彩的面貌，为学生们带来更多的欢乐和收获。

参考文献

[1] 黄纪兵.浅谈小学数学教学中生活情境的运用与研究 [N].山西科技报，2024-01-30（B06）.

[2] 张璐.小学低段数学课程教学中运用数学游戏的策略 [J].学园，2024,17（06）：46-48.

[3] 陈丽珍.浅析小学数学立足于核心素养形成的教学评价 [J].教育，2024（03）：72-74.

[4] 隋娜娜.浅析小学数学教学中培养学生核心素养的思考 [J].教育，2024（03）：91-93.

[5] 孔丽华.核心素养下小学数学课堂教学策略 [J].教育，2024（03）：42-44.

[6] 常欢.新课标视角下以核心素养为导向的小学数学教学策略 [J].小学生（下旬刊），2024（01）：43-45.

[7] 李凌云.深度学习下小学数学课堂教学策略研究 [J].小学生（下旬刊），2024（01）：19-21.

[8] 包懿.核心素养导向下小学数学实验教学方式的探索 [J].小学生（下旬刊），2024（01）：52-54.

[9] 李侨.基于核心素养的小学数学课堂教学优化策略 [J].小学生（下旬刊），2024（01）：73-75.

[10] 李翠霞.基于游戏教学的小学数学课堂教学策略改革 [J].小学生（下旬刊），2024（01）：97-99.

[11] 陈鑫.小学数学教学中培养学生问题意识的策略 [J].小学生（下旬刊），2024（01）：136-138.

[12] 顾刘兵.践行新课标，培养学生数学核心素养 [J].山西教育（教学），2024（01）：26-27.

[13] 洪亚明.核心素养下小学数学单元结构教学 [J].文理导航（下旬），2024（02）：

52–54.

[14] 陆雨薇 . 核心素养下小学生数学创新意识培养途径探析 [J]. 教育界，2024（01）：44–46.

[15] 薛宏挺 . 小学数学课堂中问题情境教学的策略 [J]. 学园，2024，17（04）：40–42.

[16] 杨赛香 . 核心素养下数学实践性作业设计 [J]. 文理导航（下旬），2024（02）：91–93.

[17] 郑丹怡 . 核心素养导向下的小学数学学习评价策略 [J]. 教育，2024（01）：54–56.

[18] 夏梓萱 . 小学生数学核心素养的培养策略研究 [J]. 小学生（上旬刊），2024（01）：4–6.

[19] 李萍 . 核心素养下小学数学课堂活动思考 [J]. 小学生（上旬刊），2024（01）：82–84.

[20] 李巧荣 . 基于数学核心素养的小学数学教学改革途径 [J]. 读写算，2024（01）：70–72.

[21] 芮金芳 . 核心素养导向下小学数学单元整体教学的实施向度 [J]. 辽宁教育，2024（01）：13–16.

[22] 王杨 . 核心素养视角下小学生数学计算能力的培养策略 [J]. 启迪与智慧（上），2024（01）：62–64.

[23] 俞娇云 . 基于数学核心素养构建小学数学课程的策略 [J]. 启迪与智慧（上），2024（01）：71–73.

[24] 岳静 . 核心素养视域下小学数学数字化教学的实践与探索 [J]. 中小学信息技术教育，2024（01）：78–79.

[25] 刘艳娇 . "双减"下小学数学学生核心素养的培养路径 [J]. 学苑教育，2024（01）：64–66.

[26] 马学林 . 小学数学教学中培养学生问题解决能力的策略探析 [J]. 理科爱好者，2023（06）：215–217.

[27] 祁虹 . 小学数学教学中学生数据分析能力的培养 [J]. 理科爱好者，2023（06）：149–151.

[28] 王楠秋 . 核心素养导向的小学数学单元整体教学策略探索 [J]. 新课程导学，

2023（36）：67-70.

[29] 苏美菊. 多学科融合背景下小学数学教学中学生核心素养的培养 [J]. 华夏教师，2023（36）：19-21.

[30] 种丽伟. 小学数学教学中渗透数学思想提升学生数学核心素养的探究 [J]. 华夏教师，2023（36）：22-24.

[31] 叶巧燕. 利用信息技术培养小学数学核心素养的策略 [J]. 华夏教师，2023（36）：76-78.